CAMBRIDGE SCHOOL CLASSICS PROJECT

Cambridge Latin Anthology

Ashley Carter

Hitchin Girls' School

Phillip Parr

The Haberdashers' Aske's School, Elstree

CAMBRIDGE
UNIVERSITY PRESS

CAMBRIDGE UNIVERSITY PRESS
Cambridge, New York, Melbourne, Madrid, Cape Town, Singapore, São Paulo

Cambridge University Press
The Edinburgh Building, Cambridge CB2 2RU, UK

www.cambridge.org
Information on this title: www.cambridge.org/9780521578776

First published 1996
First hardback edition 2001
12th printing 2006

Printed in the United Kingdom at the University Press, Cambridge

A catalogue record for this publication is available from the British Library

ISBN-13 978-0-521-80887-3 hardback
ISBN-13 0-521-80887-1 hardback

ISBN-13 978-0-521-57877-6 paperback
ISBN-10 0-521-57877-9 paperback

Cover picture: Detail of mosaic from Hadrian's villa at Tivoli

Thanks are due to the following for permission to reproduce photographs: Cover
picture, pp. 6, 10, 25, 46, 52, 56, 57, 60, 61, 64, 66, 74, 78, 80, 84, 90, 133, 140, 143, 159,
161, 164, 174, R. L. Dalladay; p. 1, City of Aberdeen Art Gallery and Museums
Collections; pp. 19, 70, 102, 103, 104, 113, 120, 153, Copyright British Museum; p. 24,
Villa Giulia Museum, Rome; p. 33, Louvre; p. 34, Walker Art Gallery; p. 38, National
Gallery of Art, Washington; p. 42, Bardo Museum; p. 92, Bignor Roman Villa; p. 106,
The Minneapolis Institute of Arts; p. 121, Bibliothèque Nationale, Paris; pp. 124, 125,
Victoria and Albert Museum; p. 128, Derby Museums and Art Gallery; p. 150, Visual
Publications Ltd; p. 177, Marianne Coleby

Extracts from the following books are reproduced by kind permission of:
Duckworth and Co. Ltd: A. A. R. Henderson (ed.), Ovid *Metamorphoses* III (1979),
R. D. Williams, *The Aeneid of Virgil* (1972); Methuen Educational: H. H. Huxley (ed.),
Virgil *Georgics* I and IV (1963); Oxford University Press: A. S. Hollis (ed.), Ovid
Metamorphoses VIII (1970); Penguin Books Ltd: Mary M. Innes (trans.), Ovid
Metamorphoses (1955); D. West (trans.), Virgil, *The Aeneid: A New Prose Translation*
(1990)

Contents

A note for the student

The text (left-hand pages). Different kinds of type are used for the sections in English. Introductions are printed in Roman type (as in this note), translations in small Roman type and linking passages in *italics*.

The glosses (right-hand pages). Two main types of assistance are given on the pages facing the text.

1 Vocabulary. Words in the text that do not occur in the GCSE vocabulary checklist of the *Cambridge Latin Course* are printed in **bold type** and translated. Where the translation is different from the usual meaning of the word, '*here* =' is printed in front of the translation.

2 Phrases and sentences

   a) Difficult phrases and sentences are printed in *italics* and then translated. Where the translation is not close to the form of the Latin, it is followed by *'lit.'* (short for 'literally') and a basic translation.

   b) Italics are also used to clarify the structure of a phrase or sentence. Where the word order is difficult, the note will give a new order which is easier to translate. A note may also show which words should be taken together or indicate the key words or skeleton of a sentence.

Orpheus et Eurydicē

Orpheus and Eurydice by the Victorian artist G. F. Watts

Virgil tells the story of Orpheus, a famous musician from
Thrace, in Northern Greece, whose singing and lyre-
playing enchanted the whole of nature. When his beloved
wife, the nymph Eurydice, died of a snake-bite, he was
overcome with grief and decided to go down to the Underworld to try to recover her.

ipse cavā sōlāns aegrum testūdine amōrem
tē, dulcis coniūnx, tē sōlō in lītore sēcum,
tē veniente diē, tē dēcēdente canēbat.
Taenariās etiam faucēs, alta ostia Dītis,
et cālīgantem nigrā formīdine lūcum   5
ingressus, mānēsque adiīt rēgemque tremendum
nesciaque hūmānīs precibus mānsuēscere corda.
at cantū commōtae Erebī dē sēdibus īmīs
umbrae ībant tenuēs simulācraque lūce carentum,
quam multa in foliīs avium sē mīlia condunt,   10
vesper ubi aut hībernus agit dē montibus imber,
mātrēs atque virī dēfūnctaque corpora vītā
magnanimum hērōum, puerī innūptaeque puellae,

ipse i.e. Orpheus
cavā: **cavus** hollow
sōlāns: **sōlārī** soothe, console
aegrum: **aeger** *here* = sorrowful
testūdine: **testūdō, f.** tortoise-shell,
   lyre
cavā...testūdine
aegrum...amōrem
ipse...tē...tē...tē...tē...sēcum...
   canēbat
coniūnx, f. wife
in sōlō lītore
veniente: **venīre** come, *here* = rise,
   dawn
dēcēdente: **dēcēdere** set
dēcēdente (diē)
canēbat: **canere** sing
Taenariās: **Taenarius** of Taenarus, a
   town in Greece near an entrance
   to the Underworld
faucēs, f. pl. entrance, jaws
ostia: **ostium, n.** door
Dītis: **Dīs, m.** Pluto (or Hades), king
   of the Underworld
5 cālīgantem: **cālīgāns** dark, gloomy
nigrā: **niger** black, dark
formīdine: **formīdō, f.** terror, horror
lūcum: **lūcus, m.** grove, wood
cālīgantem...lūcum
(Orpheus)...faucēs...ostia...lūcum
   ingressus
mānēs, m.pl. spirits of the dead
...que...que both...and
tremendum: **tremendus** terrible,
   terrifying
nescia: **nescius** not knowing how to...
hūmānīs: **hūmānus** mortal, human
mānsuēscere soften, be softened
corda: **cor, n.** heart

corda nescia mānsuēscere hūmānīs
   precibus
cantū: **cantus, m.** singing, song
Erebī: **Erebus, m.** the Underworld
sēdibus: **sēdēs, f.** *here* = resting-places
īmīs: **īmus** lowest
tenuēs: **tenuis** insubstantial
simulācra: **simulācrum, n.** phantom
lūce: **lūx, f.** light, *here* = life
carentum = **carentium: carēre** +
   ablative lack, be without
simulācra...carentum lūce the
   phantoms of those who lack life
cantū commōtae... umbrae tenuēs
   simulācraque
10 quam multa as many
foliīs: **folium, n.** leaf
mīlia, n.pl. thousands
condunt: **condere** hide
quam multa mīlia avium in foliīs sē
   condunt as many as the thousands
   of birds which hide themselves in
   the leaves (of trees)
vesper, m. evening
aut or
hībernus wintry
agit (eās)
imber, m. rain, shower
dēfūncta: **dēfūnctus + ablative**
   finished with
dēfūncta...vītā deceased, dead, lit.
   finished with life
magnanimum = **magnanimōrum:**
   magnanimus gallant
hērōum: **hērōs, m.** hero
corpora dēfūncta vītā magnanimum
   hērōum
innūptae: **innūptus** unmarried

impositīque rogīs iuvenēs ante ōra parentum,
quōs circum līmus niger et dēfōrmis harundō   15
Cōcȳtī tardāque palūs inamābilis undā
alligat et noviēs Styx interfūsa coercet.
quīn ipsae stupuēre domūs atque intima Lētī
Tartara caeruleōsque implexae crīnibus anguēs
Eumenides, tenuitque inhiāns tria Cerberus ōra,   20
atque Ixīoniī ventō rota cōnstitit orbis.
iamque pedem referēns cāsūs ēvāserat omnēs
redditaque Eurydicē superās veniēbat ad aurās
pōne sequēns (namque hanc dederat Prōserpina lēgem),
cum subita incautum dēmentia cēpit amantem,   25
ignōscenda quidem, scīrent sī ignōscere mānēs:

rogīs: rogus, m. funeral pyre
iuvenēs impositī rogīs
15 *quōs...līmus...harundō...palūs alligat*
circum all around
līmus, m. mud
dēfōrmis unsightly, ugly
harundō, f. reeds
Cōcȳtī: Cōcȳtus, m. Cocytus, a river
    in the Underworld
tardā: tardus slow, sluggish
palūs, f. marsh
inamābilis unlovable, hateful
tardā...undā
alligat: alligāre enclose, hem in
noviēs nine times
Styx, f. Styx, the main river of the
    Underworld
interfūsa: interfūsus flowing between
coercet: coercēre keep in, confine
quīn indeed
stupuēre = stupuērunt: stupēscere be
    amazed, be spell-bound
ipsae...domūs
intima: intimus innermost
Lētī: Lētum, n. Death
Tartara, n.pl. Tartarus, the infernal
    regions
intima...Tartara
caeruleōs: caeruleus dark, blue-green
implexae: implexus entwined,
    woven
crīnibus: crīnēs, m.pl. hair
anguēs: anguis, m. snake
20 **Eumenides, f.pl.** the Furies
Eumenides implexae caeruleōs anguēs
    crīnibus the Furies, with blue-green
    snakes woven in their hair
tenuit: tenēre *here* = keep quiet
inhiāns: inhiāre open wide

Cerberus, m. Cerberus, the three-
    headed guard-dog of the Under-
    world
ōra: ōs, n. *here* = mouth
Cerberus inhiāns tria ōra tenuit
Ixīoniī: Ixīonius of Ixion, who tried to
    rape Juno and was punished by
    being bound to an ever-revolving
    wheel
rota, f. wheel
orbis, m. circle, revolution
rota...orbis Ixīoniī the revolving wheel
    of Ixion, *lit.* the wheel of the circle of
    Ixion
pedem referēns: pedem referre retrace
    one's steps
ēvāserat: ēvādere escape from
superās: superus upper, above
aurās: aura, f. air, breeze
pōne behind, in the rear
iamque Eurydicē reddita pedem
    referēns omnēs cāsūs ēvāserat et ad
    superās aurās veniēbat pōne sequens
namque for in fact
Prōserpina, f. Proserpina, queen of the
    Underworld
lēgem: lēx, f. law, *here* = condition
hanc lēgem
25 **subita: subitus** sudden
incautum: incautus unthinking
dēmentia, f. madness
amantem: amāns, m. lover
subita dēmentia incautum amantem
    cēpit
dēmentia...ignōscenda a madness
    deserving pardon, *lit.* a madness
    (which) must be forgiven
quidem indeed
scīrent: scīre *here* = know how to...

restitit, Eurydicēnque suam iam lūce sub ipsā
immemor heu! victusque animī respexit. ibi omnis
effūsus labor atque immītis rupta tyrannī
foedera, terque fragor stāgnīs audītus Avernī.   30
illa 'quis et mē' inquit 'miseram et tē perdidit, Orpheu,
quis tantus furor? ēn iterum crūdēlia retrō
fāta vocant, conditque natantia lūmina somnus.
iamque valē: feror ingentī circumdata nocte
invalidāsque tibī tendēns, heu nōn tua, palmās.'   35
dīxit et ex oculīs subitō, ceu fūmus in aurās
commixtus tenuēs, fūgit dīversa, neque illum
prēnsantem nēquīquam umbrās et multa volentem
dīcere praetereā vīdit; nec portitor Orcī
amplius obiectam passus trānsīre palūdem.   40

The lovers' last farewell, as Mercury (at left) stands
ready to draw Eurydice back to the Underworld

restitit: resistere *here* = come to a stop
Eurydicēn = accusative
lūce: lūx, f. *here* = daylight
sub *here* = on the verge of
sub lūce ipsā
heu! alas!
victus...animī defeated in his resolve
respexit: respicere look back at
(Orpheus)...immemor...victusque
  animī Eurydicēn...suam...respexit
ibi *here* = then, thereupon
effūsus: effundere *here* = waste
omnis labor effūsus (est)
immītis cruel
rupta: rumpere break
tyrannī: tyrannus, m. king
30 **foedera: foedus, n.** condition
foedera immītis tyrannī rupta (sunt)
ter three times
fragor, m. crash of thunder
stāgnīs: stāgnum, n. pool, lake
Avernī: Avernus, m. Avernus, a lake
  close to an entrance to the
  Underworld
fragor stāgnīs Avernī ter audītus (est)
mē...miseram
perdidit: perdere ruin, destroy
Orpheu = vocative
quis? what?
furor, m. madness
quis tantus furor (est)?
ēn see
retrō back
fāta: fātum, n. Fate
condit: condere *here* = close
natantia: natāre swim
lūmina: lūmen, n. light, *here* = eyes

somnus, m. sleep
somnus...condit
feror: ferre *here* = carry away
circumdata: circumdare surround
ingentī...nocte
35 **invalidās: invalidus** weak
tendēns: tendere stretch out
palmās: palma, f. hand
invalidās...palmās
(Eurydicē) dīxit et...fūgit dīversa
ceu just like
fūmus, m. smoke
commixtus in + accusative mixed with
tenuēs: tenuis thin
ceu fūmus commixtus in tenuēs aurās
dīversa: dīversus away, in a different
  direction
prēnsantem: prēnsāre grasp
nēquīquam in vain
multa much, many things
praetereā *here* = afterwards, any more
neque (Eurydicē) illum prēnsantem...
  et volentem vīdit
portitor, m. ferryman i.e. Charon, who
  ferried the souls of the dead across
  the Styx
Orcī: Orcus, m. Orcus, the Underworld
40 **amplius** any more, again
obiectam: obicere put in the way
obiectam...palūdem the marsh that
  lay in his way, *lit.* the marsh put in
  the way
passus (est)
nec portitor Orcī (eum) obiectam
  palūdem amplius trānsīre passus
  (est)

quid faceret? quō sē raptā bis coniuge ferret?
quō flētū mānēs, quae nūmina vōce movēret?
illa quidem Stygiā nābat iam frīgida cumbā.
septem illum tōtōs perhibent ex ōrdine mēnsēs
rūpe sub āeriā dēsertī ad Strȳmonis undam   45
flēvisse et gelidīs haec ēvolvisse sub antrīs
mulcentem tigrēs et agentem carmine quercūs;
quālis pōpuleā maerēns philomēla sub umbrā
āmissōs queritur fētūs, quōs dūrus arātor
observāns nīdō implūmēs dētrāxit; at illa   50
flet noctem, rāmōque sedēns miserābile carmen
integrat, et maestīs lātē loca questibus implet.
nūlla Venus, nōn ūllī animum flexēre hymenaeī:

quō? (to) where?
sē...ferret: sē ferre make one's way,
   lit. carry oneself
quō sē...ferret?
bis twice
raptā...coniuge
quō: quī? what?
flētū: flētus, m. weeping
quae? what?
nūmina: nūmen, n. spirit, god
vōce: vōx, f. *here =* words
illa i.e. Eurydice
Stygiā: Stygius Stygian
nābat: nāre sail
frīgida: frīgidus cold
illa...frīgida
cumbā: cumba, f. boat
Stygiā...cumbā
perhibent: perhibēre say, tell
perhibent people say (that)...
ex ōrdine on end, in a row
mēnsēs: mēnsis, m. month
45 rupe: rūpēs, f. rock
āeriā: āerius high, towering in the air
dēsertī: dēsertus lonely
ad *here =* at, near
Strȳmonis: Strȳmōn, m. Strymon, a
   river in Thrace
ad undam dēsertī Strȳmonis
flēvisse: flēre weep
gelidīs: gelidus cold
ēvolvisse: ēvolvere unfold, relate
sub *here =* under the shelter of
antrīs: antrum, n. cave, cavern, grotto

sub gelidīs antrīs
mulcentem: mulcēre tame
tigrēs: tigris, m.f. tiger
agentem: agere *here =* move
quercūs: quercus, f. oak-tree
perhibent...illum...flēvisse...
   ēvolvisse, mulcentem...et
   agentem...
pōpuleā: pōpuleus of a poplar-tree
maerēns: maerēre grieve
philomēla, f. nightingale
sub umbrā pōpuleā
queritur: querī lament for
fētūs: fētus, m. offspring, chicks
arātor, m. ploughman
50 observāns: observāre notice
nīdō: nīdus, m. nest
implūmēs: implūmis unfledged
dētrāxit: dētrahere take out of, steal
quōs dūrus arātor observāns (dē) nīdō
   dētrāxit implūmēs
rāmō: rāmus, m. branch
miserābile: miserābilis sad, pitiful
integrat: integrāre renew, continue
maestīs: maestus sad
lātē far and wide
questibus: questus, m. lament
implet: implēre fill
et maestīs questibus loca lātē implet
Venus, f. *here =* woman's love
nōn ūllī = nūllī
flexēre = flexērunt: flectere move,
   change
hymenaeī: hymenaeus, m. marriage

sōlus Hyperboreās glaciēs Tanaimque nivālem
arvaque Rīphaeīs numquam viduāta pruīnīs   55
lustrābat, raptam Eurydicēn atque irrita Dītis
dōna querēns. sprētae Ciconum quō mūnere mātrēs
inter sacra deum nocturnīque orgia Bacchī
discerptum lātōs iuvenem sparsēre per agrōs.
tum quoque marmoreā caput ā cervīce revulsum   60
gurgite cum mediō portāns Oeagrius Hebrus
volveret, Eurydicēn vōx ipsa et frīgida lingua
ā miseram Eurydicēn! animā fugiente vocābat:
Eurydicēn tōtō referēbant flūmine rīpae.

A female follower of Bacchus beats her tambour

Hyperboreās: Hyperboreus of the Hyperborei, a people in the far north of Europe

glaciēs, f. ice, *here* = ice-fields

Tanaim: Tanais, m. Tanais, a northern European river

nivālem: nivālis snowy

55 **arva: arvum, n.** field

Rīphaeīs: Rīphaeus of the Riphaei, mountains in northern Europe and source of the Tanais

viduāta: viduāre free from

arva...viduāta

pruīnīs: pruīna, f. frost

Rīphaeīs...pruīnīs

lustrābat: lustrāre roam over

irrita: irritus futile

irrita...dōna the gifts which had proved to be futile, *lit.* futile gifts

Ciconum: Cicones, m.pl. Cicones, people of Thrace

mūnere: mūnus, n. gift, *here* = devotion

mātrēs: māter, f. *here* = woman

quō mūnere sprētae mātrēs Ciconum
the women of the Cicones spurned by his devotion (to Eurydice)

inter *here* = amid, during

sacra, n.pl. sacred rites

deum = deōrum

nocturnī: nocturnus nocturnal

orgia, n.pl. mystic revels, orgies

Bacchī: Bacchus, m. Bacchus, god of wine and inspiration

discerptum: discerpere tear apart

sparsēre = sparsērunt: spargere scatter

agrōs: ager, m. field

discerptum...iuvenem
per lātōs agrōs
cum Oeagrius Hebrus portāns caput
revulsum ā marmoreā cervīce
mediō gurgite volveret

60 **marmoreā: marmoreus** marble-white

cervīce: cervīx, f. neck

revulsum: revellere tear off

gurgite: gurges, m. waters

Oeagrius of Oeagrus, king of Thrace and father of Orpheus

Hebrus, m. Hebrus, a Thracian river

ā ah! alas!

animā: anima, f. breath, life

referēbant: referre *here* = re-echo

rīpae: rīpa, f. bank

Nīsus et Euryalus

After their arrival in Latium in Italy, Aeneas and his followers are at first welcomed by Latinus, king of the Latini; he promises to give Aeneas his daughter Lavinia in marriage. However, the goddess Juno, who is hostile to the Trojans, starts a war between the two peoples by working on the feelings of Turnus, king of the Rutuli and formerly suitor for Lavinia's hand. After an incident during a hunt, two of the Latini are killed and war breaks out.

Aeneas leaves the Trojan camp and sails up the River Tiber to Pallanteum to seek an alliance with the enemy of the Latini, King Evander. During Aeneas' absence, Turnus attacks the Trojan camp and sets fire to their ships. Aeneas has told the Trojans not to do battle outside their camp and both sides dig in. It is night.

Nīsus erat portae custōs, ācerrimus armīs,
et iuxtā comes Euryalus, quō pulchrior alter
nōn fuit Aeneadum Trōiāna neque induit arma,
hīs amor ūnus erat pariterque in bella ruēbant;
tum quoque commūnī portam statiōne tenēbant.   5

Nisus said to Euryalus: 'Is it the gods who put this ardour into our minds, or does every man's irresistible desire become his god? My mind is not content to rest in peace and quiet but has long been driving me to rush into battle or into some great enterprise. You see the Rutuli there with just a few scattered lights piercing the darkness, how sure they are of everything, lying sunk in sleep and wine, and silence everywhere. Just listen to what I am thinking and to the plan beginning to form in my mind. The people and the fathers, they are all clamouring for Aeneas to be summoned and messengers sent to tell him exactly what is happening. If they promise to give you what I ask - all I want is credit for the deed - I think I can find a way round the foot of that hill to the city of Pallanteum.'

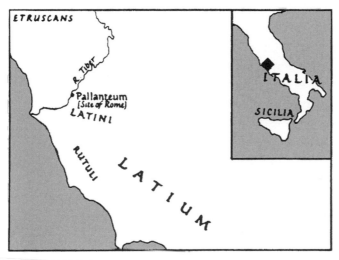

Latium

ācerrimus: ācer fierce
armīs: arma, n. arms, weapons
iuxtā near by
Aeneadum: Aeneadae, m.pl.
    followers of Aeneas
Trōiāna: Trōiānus Trojan
Trōiāna...arma

neque and...not, and...no
induit: induere put on
pariter side by side
bella: bellum, n. *here* = battle
5 commūnī: commūnis shared
statiōne: statiō, f. guard-duty
commūnī...statiōne

Euryalus insists on accompanying Nisus and the pair set off
to put their plan before the Trojan leaders.

cētera per terrās omnēs animālia somnō
laxābant cūrās et corda oblīta labōrum:
ductōrēs Teucrum prīmī, dēlēcta iuventūs,
cōnsilium summīs rēgnī dē rēbus habēbant,
quid facerent quisve Aenēae iam nūntius esset.   10
stant longīs adnīxī hastīs et scūta tenentēs
castrōrum et campī mediō. tum Nīsus et ūnā
Euryalus cōnfestim alacrēs admittier ōrant;
rem magnam pretiumque morae fore. prīmus Iūlus
accēpit trepidōs ac Nīsum dīcere iussit.   15
tum sīc Hyrtacidēs: 'audīte ō mentibus aequīs,
Aeneadae, nēve haec nostrīs spectentur ab annīs
quae ferimus. Rutulī somnō vīnōque solūtī
conticuēre; locum īnsidiīs cōnspeximus ipsī,
quī patet in biviō portae quae proxima pontō.   20
interruptī ignēs āterque ad sīdera fūmus
ērigitur; sī fortūnā permittitis ūtī
quaesītum Aenēān et moenia Pallantēa,

cētera...*animālia*
somnō: somnus, m. sleep
laxābant: laxāre ease, rest
corda: cor, n. heart
oblīta: oblīvīscī + genitive forget
ductōrēs: ductor, m. leader
Teucrum = Teucrōrum: Teucrī, m.pl.
Trojans
dēlēcta: dēligere choose
iuventūs, f. young men, warriors
dē summīs rēbus rēgnī about
important matters of state
10 -ve or
Aenēae: Aenēās, m. Aeneas
adnīxī: adnītī lean on
scūta: scūtum, n. shield
campī: campus, m. plain, field,
here = open space
ūnā together (with him)
cōnfestim immediately
alacrēs: alacer eager
Nīsus et...Euryalus...alacrēs
admittier = admittī: admittere admit,
let in
magnam: magnus *here* = important
(dīcunt) rem magnam (esse)
morae: mora, f. delay
pretium...morae worth their while,
lit. recompense for delay
fore = futūrum esse
Iūlus, m. Iulus (Ascanius), Aeneas'
son
15 trepidōs: trepidus excited
(eōs) trepidōs
Hyrtacidēs, m. son of Hyrtacus, Nisus
mentibus: mēns, f. mind

mentibus aequīs impartially, with
open minds
nēve and...not, nor
nēve haec quae ferimus spectentur ab
nostrīs annīs and do not judge our
suggestions by our age, *lit.* and let
not these things which we bring be
looked at from our years
Rutulī, m.pl. Rutuli
somnō vīnōque drunken sleep
solūtī: solvere *here* = relax, overcome
conticuēre = conticuērunt:
conticēscere fall silent
īnsidiīs: īnsidiae, f. *here* = surprise
attack
20 patet: patēre lie open
biviō: bivium, n. fork in the road
in biviō portae at a fork in the road
from the gate
pontū: pontus, m. sea
interruptī: interrumpere break (by a
gap)
ignēs: ignis, m. fire *here* plural =
watch-fires, line of fires
ignēs interruptī (sunt)
āter black
sīdera: sīdus, n. star
fūmus, m. smoke
ērigitur: ērigī rise
permittitis: permittere allow
ūtī + ablative use, make use of
quaesītum to look for
Aenēān = accusative
moenia, n.pl. walls
Pallantēa: Pallantēus of Pallanteum,
city of King Evander

mox hīc cum spoliīs ingentī caede perāctā
adfore cernētis. nec nōs via fallet euntēs: 25
vīdimus obscūrīs prīmam sub vallibus urbem
vēnātū adsiduō et tōtum cognōvimus amnem.'

*The Trojan leaders approve of their bold initiative. Aeneas'
son Iulus promises them lavish rewards if they are successful. Euryalus asks Iulus to take care of his mother if he fails
to return alive.*

prōtinus armātī incēdunt; quōs omnis euntēs
prīmōrum manus ad portās, iuvenumque senumque,
prōsequitur vōtīs. nec nōn et pulcher Iūlus,   30
ante annōs animumque gerēns cūramque virīlem,
multa patrī mandāta dabat portanda; sed aurae
omnia discerpunt et nūbibus irrita dōnant.
    ēgressī superant fossās noctisque per umbram
castra inimīca petunt, multīs tamen ante futūrī   35
exitiō. passim somnō vīnōque per herbam
corpora fūsa vident, arrēctōs lītore currūs,
inter lōra rotāsque virōs, simul arma iacēre,
vīna simul. prior Hyrtacidēs sīc ōre locūtus:
'Euryale, audendum dextrā: nunc ipsa vocat rēs.   40
hāc iter est. tū, nē qua manus sē attollere nōbīs
ā tergō possit, custōdī et cōnsule longē;

spoliīs: spolia, n.pl. spoils
caede: caedēs, f. slaughter
perāctā: peragere complete
25 adfore = adfutūrōs esse
  (nōs) adfore
  cernētis: cernere see
  nec and...not, nor
  fallet: fallere deceive, lead astray
  nōs...euntēs
  obscūrīs: obscūrus dark, hidden

prīmam: prīmus *here* = the outskirts
  of
sub *here* = from down in
vallibus: vallis, f. valley
  vīdimus prīmam urbem sub obscūrīs
  vallibus
vēnātū: vēnātus, m. hunting
adsiduō: adsiduus frequent
amnem: amnis, m. river

prōtinus straightaway
armātī: armātus armed
prīmōrum: prīmī, m.pl. leaders
ad *here* = at
-que...-que both...and
30 prōsequitur: prōsequī escort, accompany
  pany
vōtīs: vōtum, n. prayer, good wishes
  quōs (= et eōs) euntēs omnis manus
  prīmōrum, iuvenumque
  senumque, ad portās vōtīs
  prōsequitur
nec nōn et and also
ante annōs beyond his years
virīlem: virīlis like a man
  animumque cūramque virīlem
  gerēns displaying the spirit
  and responsibility of a man
  multa mandāta dabat, portanda patrī
aurae: aura, f. breeze
discerpunt: discerpere scatter
nūbibus: nūbēs, f. cloud
irrita: irritus useless, ineffective
  omnia (mandāta)...irrita
dōnant: dōnāre give as a gift
superant: superāre *here* = climb over
35 ante *here* = beforehand, first

futūrī exitiō destined to kill, *lit.* going
  to be a source of destruction
passim here and there, everywhere
herbam: herba, f. grass
fūsa: fūsus *here* = sprawled
  corpora somnō vīnōque fūsa bodies
  sprawled in drunken sleep
arrēctōs: arrigere raise, tip up
currūs: currus, m. chariot
lōra, n.pl. reins
rotās: rota, f. wheel
simul...simul both...and
vīna: vīnum, n. *here* = wine-cups
  vident...virōs...arma...vīna...iacēre
ōre: ōs, n. mouth, lips
  locūtus (est)
40 *(nōbīs) audendum (est)*
dextrā: dextra, f. right hand
rēs, f. *here* = occasion, moment
  hāc (viā)
nē qua: nē quī so that no...
sē attollere + dative mount an attack
  on
ā tergō from the rear
custōdī: custōdīre *here* = be on guard
cōnsule: cōnsulere *here* = look out
longē all round

haec ego vāsta dabō et lātō tē līmite dūcam.'
sīc memorat vōcemque premit, simul ēnse superbum
Rhamnētem aggreditur, quī forte tapētibus altīs   45
exstrūctus tōtō prōflābat pectore somnum.

A king he was, and a prophet cherished by a king, by Turnus. But not all his prophesying could drive from him the plague of death. Nisus then caught three of Rhamnes' attendants lying in a heap among their weapons, then the armour-bearer of Remus and his charioteer among the hooves of the horses. Their heads were lolling. He cut them off. Next he removed the head of their master Remus and left the blood gurgling out of his trunk and warming the ground as the black gore soaked through the bedding. Lamyrus also he slew, and Lamus and young Serranus, a handsome youth who had gambled late into the night. There he lay overcome by all the wine of Bacchus he had drunk. He would have been happy if he could have made his gambling last the night and kept it up till daylight. Nisus was like a lion driven mad with hunger and ravening through pens full of sheep, dumb with fear, while he growls from jaws dripping with blood as he mauls and champs their soft flesh.

Meanwhile there was no less slaughter from the hand of Euryalus. He too was in a blazing frenzy as he crept up on a great crowd of nameless warriors lying unconscious in his path, Fadus and Herbesus, Rhoetus and Abaris. Rhoetus was awake and saw it all, so hid in panic behind a great mixing bowl. But when Euryalus came near him he rose and Euryalus plunged his sword to the hilt in his chest. When he withdrew it, the whole life of Rhoetus flooded out after it. As he lay there dying, still vomiting his crimson life's breath and bringing up wine and gore together, Euryalus was already prowling on, hot for blood.

Euryalus begins to be carried away by his enthusiasm for massacre and Nisus suggests that they make their way to Pallanteum before day dawns. Euryalus puts on the helmet of one of the slaughtered enemy.

haec this area
vāsta dabō: vāsta dare devastate
līmite: līmes, m. path
memorat: memorāre speak, say
premit: premere check, stop
ēnse: ēnsis, m. sword
45 **Rhamnētem: Rhamnēs, m.** Rhamnes,
   a Rutulian

aggreditur: aggredī attack
tapētibus: tapētia, n.pl. coverlets,
   pillows
exstrūctus: exstruere *here* = prop up
prōflābat: prōflāre breathe out
tōtō…pectore

Battle scene from an Etruscan pottery urn, made for the ashes of a dead warrior

intereā praemissī equitēs ex urbe Latīnā
cētera dum legiō campīs īnstrūcta morātur,
ībant et Turnō rēgī respōnsa ferēbant,
ter centum, scūtātī omnēs, Volcente magistrō.   50
iamque propinquābant castrīs mūrōsque subībant
cum procul hōs laevō flectentēs līmite cernunt,
et galea Euryalum sublustrī noctis in umbrā
prōdidit immemorem radiīsque adversa refulsit.
haud temerē est vīsum. conclāmat ab agmine Volcēns: 55
'stāte, virī. quae causa viae? quīve estis in armīs?
quōve tenētis iter?' nihil illī tendere contrā,
sed celerāre fugam in silvās et fīdere noctī.
obiciunt equitēs sēsē ad dīvortia nōta
hinc atque hinc, omnemque abitum custōde corōnant.   60

*Nisus and Euryalus flee through the forest but become
separated. When Nisus retraces his steps he sees from a
distance that Euryalus has been captured. He launches two
spears from his hiding-place and kills two of the enemy.*

saevit atrōx Volcēns nec tēlī cōnspicit usquam
auctōrem nec quō sē ardēns immittere possit.
'tū tamen intereā calidō mihi sanguine poenās
persolvēs ambōrum' inquit; simul ēnse reclūsō
ībat in Euryalum. tum vērō exterritus, āmēns,   65
conclāmat Nīsus nec sē cēlāre tenebrīs
amplius aut tantum potuit perferre dolōrem:
'mē, mē, adsum quī fēcī, in mē convertite ferrum,
ō Rutulī! mea fraus omnis, nihil iste nec ausus
nec potuit; caelum hoc et cōnscia sīdera testor;   70

praemissī: praemittere send ahead
Latīnā: Latīnus of the Latini
cētera...legiō *here* = the rest of the
army
campīs: campus, m. plain
morātur: morārī wait
Turnō: Turnus Turnus, king of the
Rutuli
respōnsa: respōnsum, n. reply
50 ter centum three hundred
scūtātī: scūtātus carrying a shield
Volcente: Volcēns, m. Volcens, a
cavalry officer
magistrō: magister, m. *here* =
commander
propinquābant: propinquāre +
dative approach
subībant: subīre go up to
hōs them, i.e. Nisus and Euryalus
laevō: laevus left-hand
laevō...līmite
flectentēs: flectere turn off, go
hōs...flectentēs
galea, f. helmet
sublustrī: sublustris half-lit
in umbrā sublustrī

Euryalum...immemorem
prōdidit: prōdere betray, give away
radiīs: radius, m. ray (of moonlight)
adversa: adversus *here* = reflected,
glinting
refulsit: refulgēre flash
55 temerē idly, thoughtlessly, for nothing
conclāmat: conclāmāre shout out
causa, f. reason
viae: via, f. *here* = journey
tenētis: tenēre *here with* iter = make
one's way, make for
tendere *here* = reply
contrā in return
celerāre hasten
fidere + dative trust
obiciunt...sēsē: sē obicere take up
positions, *lit.* place themselves in
the way
sēsē = sē
ad *here* = at
dīvortia: dīvortium, n. crossway
60 hinc atque hinc on either side
abitum: abitus, m. escape route
corōnant: corōnāre encircle

atrōx fierce, warlike
tēlī: tēlum, n. weapon
usquam anywhere
auctōrem tēlī the person who had
thrown the weapon, *lit.* author
of the weapon
sē...immittere charge, launch oneself
calidō: calidus warm
calidō...sanguine
poenās persolvēs: poenās
persolvere pay the penalty
reclūsō: reclūdere unsheathe, draw

65 vērō indeed
exterritus terrified
āmēns out of his mind
amplius any longer
perferre endure
fraus, f. *here* = fault, guilt
iste he, i.e. Euryalus
*nec ausus (est) (facere) nec potuit
(facere)*
70 cōnscia: cōnscius knowing the truth
sīdera: sīdus, n. star
testor: testārī call to witness

tantum īnfēlīcem nimium dīlēxit amīcum.'
tālia dicta dabat, sed vīribus ēnsis adāctus
trānsabiīt costās et candida pectora rumpit.
volvitur Euryalus lētō, pulchrōsque per artūs
it cruor inque umerōs cervīx collāpsa recumbit:　　　　　　　75
purpureus velutī cum flōs succīsus arātrō
languēscit moriēns, lassōve papāvera collō
dēmīsēre caput pluviā cum forte gravantur.
at Nīsus ruit in mediōs sōlumque per omnēs
Volcentem petit, in sōlō Volcente morātur.　　　　　　　　80
quem circum glomerātī hostēs hinc comminus atque hinc
prōturbant. īnstat nōn sētius ac rotat ēnsem
fulmineum, dōnec Rutulī clāmantis in ōre
condidit adversō et moriēns animam abstulit hostī.
tum super exanimum sēsē prōiēcit amīcum　　　　　　　　85
cōnfossus, placidāque ibi dēmum morte quiēvit.

*The Rutuli carry Volcens' body back to their camp where
they discover the general massacre. The Trojans from the
walls of their camp see the heads of Nisus and Euryalus
fixed on spears.*

Meanwhile Rumour flew with the news on her swift wings
through the whole terrified city of the Trojans, and came gliding
into the ears of the mother of Euryalus. In that instant the warmth
left her very bones, the shuttle was dashed from her fingers and its
thread unwound. Crazed with grief she rushed out, and wailing
as women do and tearing her hair, she made for the front ranks of
the army on the walls. With no thought for the presence of men,
with no thought of the danger of flying weapons, she stood there
on the ramparts and filled heaven with her cries of mourning: 'Is
this you I am looking at, Euryalus? How could you leave me alone,
so cruelly, you who were the last comfort of my old age? Could not
your poor mother have been allowed a few last words with you,
before you went on that dangerous expedition? So now you lie in
a strange land, and your body is food for the dogs and the birds of

īnfēlīcem…amīcum
dicta: dictum, n. word
dabat: dare *here with* dicta = say
vīribus: vīrēs, f.pl. strength
adāctus: adigere drive home
trānsabiīt: trānsabīre pierce
costās: costa, f. rib (i.e. of Euryalus)
candida: candidus white
pectora: pectus, n. chest
rumpit: rumpere burst, split open
lētō: lētum, n. death
artūs: artus, m. limb
per pulchrōs artūs
75 cruor, m. blood
cervīx, f. neck
collāpsa: collābī fall down, sink
cervīx collāpsa in umerōs recumbit
purpureus purple, crimson
velutī cum just as when
succīsus: succīdere cut down, snap
arātrō: arātrum, n. plough
languēscit: languēscere droop
lassō: lassus tired
papāvera: papāver, n. poppy
collō: collum, n. neck
lassō…collō
dēmīsēre = dēmīsērunt: dēmittere
　hang…down
pluviā: pluvia, f. rain
cum forte when by chance
gravantur: gravāre weigh down
sōlum…Volcentem

80 morātur: morārī *here with*
　in + ablative = be concerned
　with, *lit.* spend time on
glomerātī: glomerāre gather, close in
comminus in close combat
prōturbant: prōturbāre try to repel
circum quem (= Euryalum) hostēs
　glomerātī hinc atque hinc
　comminus prōturbant
īnstat: īnstāre press onwards, keep
　going
nōn sētius none the less
rotat: rotāre whirl
fulmineum: fulmineus of lightning,
　here = deadly
dōnec until
Rutulī: Rutulus, m. the Rutulian (i.e.
　Volcens)
in ōre…adversō full in the face
condidit: condere plunge, bury
(ēnsem) condidit
animam: anima, f. soul, life
85 super + accusative on top of
exanimum: exanimus lifeless
prōiēcit: prōicere throw down
exanimum…amīcum
cōnfossus: cōnfodere stab, run
　through
placidā: placidus peaceful, gentle
dēmum at last
placidā…morte
quiēvit: quiēscere rest

Latium! I am your mother and did not walk before you at your funeral; nor close your eyes, nor wash your wounds, nor cover you with the robe I have been weaving for you day and night with what speed I could, finding in my loom some solace for the cares of age. Where am I to go to look for you, my son? What piece of earth holds your mutilated body and dismembered limbs? Is this head all you bring back to me? Is that what I have followed over land and sea? Strike me, you Rutulians, if you have any human feelings! Throw all your spears at me! Let me be the first to die. Or will you take pity on me, Great Father of the Gods, and blast my detested body into Tartarus with your lightning, since I can find no other way to end this bitter life?' Sorrow like this was too much for the Trojans to bear. The sound of mourning was heard all through the army. Their strength was broken. They were losing their appetite for battle and her presence was fanning the flames of their grief. At a word from Ilioneus and the bitterly weeping Iulus, Idaeus and Actor came and took her between them back into her house.

Warriors carrying a dead comrade

Ēchō et Narcissus

Cupid, behind Narcissus' shoulder, tempts him to love only his own reflections

The story of Echo and Narcissus is told by Ovid in his poem the *Metamorphoses,* an immense collection of myths, legends and folk-tales which begins with the creation of the world and ends in Ovid's own day.

The story opens when Narcissus is out hunting one day.

aspicit hunc trepidōs agitantem in rētia cervōs
vōcālis nymphē, quae nec reticēre loquentī
nec prius ipsa loquī didicit, resonābilis Ēchō.
corpus adhūc Ēchō, nōn vōx, erat; et tamen ūsum
garrula nōn alium, quam nunc habet, ōris habēbat,   5
reddere dē multīs ut verba novissima posset.
ergō ubi Narcissum per dēvia rūra vagantem
vīdit et incaluit, sequitur vestīgia fūrtim,
quōque magis sequitur, flammā propiōre calēscit,
nōn aliter quam cum summīs circumlita taedīs   10
admōtās rapiunt vīvācia sulphura flammās.
ō quotiēns voluit blandīs accēdere dictīs
et mollēs adhibēre precēs. nātūra repugnat
nec sinit incipiat; sed, quod sinit, illa parāta est
exspectāre sonōs, ad quōs sua verba remittat.   15

aspicit: aspicere notice
trepidōs: trepidus frightened
rētia: rēte, n. net
cervōs: cervus, m. deer
vōcālis talkative
nymphē, f. nymph
reticēre keep quiet
didicit: discere learn
quae nec reticēre loquentī...didicit
who has not learnt to keep quiet
when someone is talking, *lit.* for
(someone) talking
resonābilis answering, echoing
ūsum: ūsus, m. use

5 garrula: garrulus chatterbox
ōris: ōs, n. mouth
et tamen garrula nōn alium ūsum
ōris habēbat quam nunc habet
and, although a chatterbox, she
enjoyed no more power of speech
than she now does, *lit.* and yet
the chatterbox had no other use
of her mouth than she now has
reddere *here* = repeat
dē *here* = out of
ut *here* = namely that
novissima: novissimus last, *here* =
only the last
dē multīs (verbīs)
ergō therefore
dēvia: dēvius lonely, remote
rūra: rūs, n. countryside
vagantem: vagārī wander, rove
incaluit: incalēscere fall in love

vestīgia: vestīgium, n. footstep
fūrtim secretly
quōque magis and the more
propiōre: propior closer
calēscit: calēscere be inflamed, fall in
love
flammā propiōre calēscit the more the
flame of passion burns within her,
lit. she burns with a closer flame

10 nōn aliter quam cum just as when
circumlita: circumlinere smear around
taedīs: taeda, f. torch
admōtās: admovēre bring close
vīvācia: vīvāx lively, quick to ignite
sulphura: sulphur, n. sulphur
vīvācia sulphura, summīs taedīs
circumlita, flammās admōtās
rapiunt
quotiēns how often
blandīs: blandus sweet, charming
accēdere approach
dictīs: dictum, n. word
mollēs: mollis soft, gentle
adhibēre use, employ
nātūra, f. nature, condition
repugnat: repugnāre prevent
sinit: sinere allow
sinit (ut) incipiat
sed (id) quod (nātūra) sinit, illa parāta
est but she is ready to do what her
nature *does* allow, *lit.* but, that
which nature allows, she is ready

15 sonōs: sonus, m. sound
remittat: remittere return (speech)

forte puer comitum sēductus ab agmine fīdō
dīxerat 'ecquis adest?' et 'adest' respōnderat Ēchō.
hic stupet, utque aciem partēs dīmittit in omnēs,
vōce 'venī' magnā clāmat; vocat illa vocantem.
respicit et rūrsus nūllō veniente 'quid' inquit   20
'mē fugis?' et totidem, quot dīxit, verba recēpit.
perstat et alternae dēceptus imāgine vōcis,
'hūc coeāmus' ait nūllīque libentius umquam
respōnsūra sonō 'coeāmus' rettulit Ēchō
et verbīs favet ipsa suīs ēgressaque silvā   25
ībat, ut iniceret spērātō bracchia collō.
ille fugit fugiēnsque 'manūs complexibus aufer;
ante' ait 'ēmoriar, quam sit tibi cōpia nostrī.'
rettulit illa nihil nisi 'sit tibi cōpia nostrī.'
sprēta latet silvīs pudibundaque frondibus ōra   30
prōtegit et sōlīs ex illō vīvit in antrīs;
sed tamen haeret amor crēscitque dolōre repulsae:
attenuant vigilēs corpus miserābile cūrae,
addūcitque cutem maciēs, et in āera sūcus
corporis omnis abit; vōx tantum atque ossa supersunt: 35
vōx manet: ossa ferunt lapidis trāxisse figūram.
inde latet silvīs nūllōque in monte vidētur.
omnibus audītur: sonus est, quī vīvit in illā.

sēductus: sēdūcere separate
fīdō: fīdus trusty
ecquis anyone
hic i.e. Narcissus
stupet: stupēre be astonished
ut *here* = while, as
aciem: aciēs, f. eyesight
aciem...dīmittit gazes around
partēs: pars, f. *here* = direction
in omnēs...partēs
20 respicit: respicere look round
nūllō: nūllus nobody
quid? why?
totidem quot as many as
totidem (verba) quot
perstat: perstāre persist
alternae: alternus alternate, *here* =
  answering
imāgine: imāgō, f. image, *here* =
  illusion
alternae...vōcis
coeāmus: coīre meet, get together
ait he says
*Ēchō, nūllī sonō umquam respōnsūra
  libentius* Echo, who would never
  make a more willing reply to any
  sound, *lit.* Echo, to no sound ever
  about to reply more gladly
rettulit: referre *here* = reply
25 favet: favēre + dative *here* =
  emphasise, be as good as
iniceret: inicere *here* = throw around
bracchia: bracchium, n. arm
collō: collum, n. neck
spērātō...collō the neck she hoped
  for, *lit.* neck hoped for
complexibus: complexus, m. embrace
ante...quam = antequam before

ēmoriar: ēmorī die
cōpia, f. abundance, *here* = enjoyment
nostrī *here* = meī of me
ēmoriar antequam sit tibi cōpia nostrī
  may I die before you enjoy me, *lit.*
  may I die before there should be to
  you enjoyment of me
30 sprēta she, rejected
pudibunda: pudibundus ashamed,
  embarrassed
frondibus: frōns, f. leaf, foliage
prōtegit: prōtegere cover
ex illō from that time on, ever after
antrīs: antrum, n. cave
in sōlīs antrīs
haeret: haerēre *here* = stay firm,
  persist
crēscit: crēscere grow
repulsae: repulsa, f. rejection
attenuant: attenuāre make thin,
  weaken
vigilēs: vigil which keeps one awake
vigilēs...cūrae
miserābile: miserābilis pitiable
addūcit: addūcere bring to, *here* =
  shrink, shrivel
cutem: cutis, f. skin
maciēs, f. thinness
āera: āēr, m. air
sūcus, m. moisture, sap
sūcus...omnis
35 ossa: os, n. bone
ferunt: ferre say, relate
ferunt people say
lapidis: lapis, m. stone
trāxisse: trahere *here* = take on
figūram: figūra, f. appearance
inde from then, ever since

Narcissus rejected the love of many others, too; one of them prayed that Narcissus might himself fall in love without success. One day he found himself on a grassy bank beside a secluded, crystal-clear spring.

hīc puer, et studiō vēnandī lassus et aestū,
prōcubuit faciemque locī fontemque secūtus;   40
dumque sitim sēdāre cupit, sitis altera crēvit,
dumque bibit, vīsae correptus imāgine fōrmae,
spem sine corpore amat, corpus putat esse, quod umbra est.
astupet ipse sibī vultūque immōtus eōdem
haeret, ut ē Pariō fōrmātum marmore signum.   45
spectat humī positus geminum, sua lūmina, sīdus
et dignōs Bacchō, dignōs et Apolline crīnēs,
impūbēsque genās et eburnea colla decusque
ōris et in niveō mixtum candōre rubōrem,
cūnctaque mīrātur, quibus est mīrābilis ipse.   50
sē cupit imprūdēns et, quī probat, ipse probātur,
dumque petit, petitur, pariterque accendit et ardet.
irrita fallācī quotiēns dedit ōscula fontī!
in mediīs quotiēns vīsum captantia collum
bracchia mersit aquīs nec sē dēprendit in illīs!   55
quid videat nescit, sed quod videt ūritur illō
atque oculōs īdem quī dēcipit incitat error.

No thought of food or sleep could draw him from the spot. Stretched on the shady grass, he gazed at the shape that was no true shape with eyes that could never have their fill, and by his own eyes he was undone. Finally he raised himself a little. Holding out his arms to the surrounding woods: 'Oh you woods,' he cried, 'has anyone ever felt a love more cruel? You surely know, for many lovers have found you an ideal haunt for secret meetings. You who have lived so many centuries, do you remember anyone, in all your long years, who has pined away as I do? I am in love, and see my loved one, but that form which I see and love, I cannot reach: so far

studiō: **studium, n.** enthusiasm
vēnandī: vēnārī hunt
lassus tired
aestū: aestus, m. heat
40 **faciem: faciēs, f.** appearance
-que...-que both...and
secūtus *here* = attracted by
sitim: sitis, f. thirst
sēdāre quench
crēvit: crēscere grow
correptus: corripere seize, captivate
fōrmae: fōrma, f. beauty
correptus imāgine fōrmae vīsae
   captivated by the beautiful
   reflection he saw, *lit.* captivated
   by the image of beauty seen
putat: putāre think
umbra, f. *here* = reflection
putat quod umbra est corpus esse
astupet: astupēre + dative, be
   astonished at
45 **Pariō: Parius** from Paros, a Greek
   island famous for white marble
fōrmātum: fōrmāre mould, shape
marmore: marmor, n. marble
signum, n. *here* = statue
ut signum fōrmātum ē Pariō
   marmore
positus *here* = lying
geminum: geminus twin, double
lūmina: lūmen, n. light, *here* = eye
sīdus, n. star
geminum...sīdus
dignōs: dignus + ablative worthy of
Bacchō: Bacchus, m. Bacchus, the
   wine god
Apolline: Apollō, m. Apollo, the
   god of youth and prophecy

crīnēs, m.pl. hair
dignōs...dignōs...crīnēs
impūbēs: impūbis youthful,
   unbearded
genās: gena, f. cheek
eburnea: eburneus ivory-coloured
decus, n. glory, beauty
decus...ōris his beautiful face
in...mixtum mixed with
niveō: niveus snow-white
candōre: candor, m. radiance,
   whiteness
rubōrem: rubor, m. blush, redness
rubōrem in niveō candōre mixtum
50 **cūncta: cūnctus** all, every
mīrātur: mīrārī admire
mīrābilis admired
imprūdēns unknowing
probat: probāre approve, fancy
pariter equally
accendit: accendere set on fire
irrita: irritus useless, vain
fallācī: fallāx deceitful, untruthful
quotiēns how often
quotiēns irrita ōscula fontī fallācī
   dedit
captantia: captāre try to catch
55 **mersit: mergere** dip, plunge
mersit in mediīs... aquīs bracchia
   captantia vīsum collum
nec but...not
dēprendit: dēprendere catch
illō...quod videt
ūritur: ūrī burn, be on fire
error, m. illusion
īdem error quī dēcipit (oculōs) incitat
   oculōs

am I deluded by my love. My distress is all the greater because it is not a mighty ocean that separates us, nor yet highways or mountains, or city walls with close-barred gates. Only a little water keeps us apart. My love himself desires to be embraced: for whenever I lean forward to kiss the clear waters he lifts up his face to mine and strives to reach me. You would think he could be reached - it is such a small thing that hinders our love. Whoever you are, come out to me! Oh boy beyond compare, why do you elude me? Where do you go, when I try to reach you? Certainly it is not my looks or my years which you shun, for I am one of those the nymphs have loved. With friendly looks you proffer me some hope. When I stretch out my arms to you, you stretch yours towards me in return: you laugh when I do, and often I have marked your tears when I was weeping. You answer my signs with nods, and, as far as I can guess from the movement of your lovely lips, reply to me in words that never reach my ears. Alas! I am myself the boy I see. I know it: my own reflection does not deceive me. I am on fire with love for my own self. It is I who kindle the flames which I must endure.'

His tears disturbed the water, so that the pool rippled, and the image grew dim. He saw it disappearing, and cried aloud: 'Where are you fleeing? Cruel creature, stay, do not desert one who loves you! Let me look upon you, if I cannot touch you. Let me, by looking, feed my ill-starred love.' In his grief, he tore away the upper portion of his tunic, and beat his bared breast with hands as white as marble. His breast flushed rosily where he struck it, just as apples often shine red in part, while part gleams whitely, or as grapes, ripening in variegated clusters, are tinged with purple.

quae simul aspexit liquefactā rūrsus in undā,
nōn tulit ulterius sed, ut intābēscere flāvae
igne levī cērae mātūtīnaeque pruīnae   60
sōle tepente solent, sīc attenuātus amōre
līquitur et tēctō paulātim carpitur ignī;

Narcissus flowers spring up beside the head of the dying hero
in this 17th-century French painting by Nicolas Poussin

quae = et haec
simul *here* = simulac as soon as
liquefactā: liquefactus clear
tulit: ferre bear, endure
ulterius any longer
ut (59)...sīc (61) just as...so
intābēscere melt
flāvae: flāvus yellow
60 igne: ignis, m. fire
levī: levis light, gentle
mātūtīnae: mātūtīnus morning

pruīnae: pruīna, f. frost
tepente: tepēre be warm
ut cērae flāvae igne levī intābēscere
   (solent) mātūtīnaeque pruīnae sōle
   tepente (intābēscere) solent
līquitur: līquī waste away
tēctō: tēctus hidden, secret
tēctō...ignī
paulātim gradually
carpitur: carpere pluck, *here* =
   weaken, consume

et neque iam color est mixtō candōre rubōrī,
nec vigor et vīrēs et quae modo vīsa placēbant,
nec corpus remanet, quondam quod amāverat Ēchō.   65
quae tamen ut vīdit, quamvīs īrāta memorque
indoluit, quotiēnsque puer miserābilis 'ēheu'
dīxerat, haec resonīs iterābat vōcibus 'ēheu.'
cumque suōs manibus percusserat ille lacertōs,
haec quoque reddēbat sonitum plangōris eundem.   70
ultima vōx solitam fuit haec spectantis in undam:
'heu frūstrā dīlēcte puer!' totidemque remīsit
verba locus, dictōque valē, 'vale' inquit et Ēchō.
ille caput viridī fessum summīsit in herbā,
lūmina mors clausit dominī mīrantia fōrmam.   75
tum quoque sē, postquam est īnfernā sēde receptus,
in Stygiā spectābat aquā. plānxēre sorōrēs
Nāides et sectōs frātrī posuēre capillōs,
plānxērunt Dryades; plangentibus assonat Ēchō.
iamque rogum quassāsque facēs feretrumque parābant: 80
nusquam corpus erat; croceum prō corpore flōrem
inveniunt foliīs medium cingentibus albīs.

A Victorian view of Echo and Narcissus

color, m. colour

neque iam color est rubōrī mixtō candōre and his rosy-white complexion now has no glow, *lit.* there is no longer colour to his redness mixed with whiteness

vigor, m. energy, vigour

vīrēs, f.pl. strength

modo just now, recently

(ea) quae modo vīsa placēbant the things which he had recently seen and liked, *lit.* the things which recently seen were pleasing

65 **remanet: remanēre** remain, last

corpus...quod

quae...ut vīdit when she saw this, *lit.* when she saw which things

quamvīs although

memor remembering

indoluit: indolēscere feel sorry

quotiēns *here* = whenever

resonīs, resonus echoing

iterābat: iterāre repeat

resonīs...vōcibus

suōs...lacertōs

percusserat: percutere strike

ille i.e. Narcissus

lacertōs: lacertus, m. arm

70 **haec** i.e. Echo

plangōris: plangor, m. grief

vōx, f. *here* = words

solitam: solitus usual, *here* = familiar

ultima vōx (Narcissī) spectantis in solitam undam fuit haec

heu puer frūstrā dīlēcte alas, boy loved in vain

locus remīsit totidem verba

dictōque valē and when he had said farewell, *lit.* farewell having been said

et also

viridī: viridis green

summīsit: summittere lay down

herbā: herba, f. grass

in viridī...herbā

75 **dominī: dominus, m.** *here* = owner

mors clausit lūmina mīrantia fōrmam dominī

postquam receptus est

īnfernā: īnfernus of the lower world

sēde: sēdēs, f. abode

Stygiā: Stygius of the Styx, a river in the Underworld

sē...spectābat

plānxēre = plānxērunt: plangere wail

Nāides, f.pl. Naiads, water-nymphs

posuēre = posuērunt: pōnere *here* = offer

capillōs: capillī, m.pl. hair

Dryades, f.pl. Dryads, wood-nymphs

assonat: assonāre respond, echo

80 **rogum: rogus, m.** funeral pyre

quassās: quatere shake, brandish

feretrum, n. bier

croceum: croceus yellow

prō + ablative in place of, instead of

foliīs: folium, n. leaf, *here* = petal

cingentibus: cingere surround, enclose

albīs: albus white

prō corpore inveniunt croceum flōrem, foliīs albīs cingentibus medium (flōrem)

Baucis et Philēmōn

The story of Baucis and Philemon is told by Ovid in his
poem the *Metamorphoses,* an immense collection of myths,
legends and folk-tales which begins with the creation of the
world and ends in Ovid's own day.

Iuppiter hūc speciē mortālī cumque parente
vēnit Atlantiadēs positīs cādūcifer ālīs.
mīlle domōs adiēre locum requiemque petentēs,
mīlle domōs clausēre serae. tamen ūna recēpit,
parva quidem stipulīs et cannā tēcta palūstrī,   5
sed pia Baucis anus parilīque aetāte Philēmōn
illā sunt annīs iūnctī iuvenālibus, illā
cōnsenuēre casā paupertātemque fatendō
effēcēre levem nec inīquā mente ferendō.
nec rēfert, dominōs illīc famulōsne requīrās: 10
tōta domus duo sunt, īdem pārentque iubentque.

Iuppiter, m. Jupiter
hūc here (the story is set in Phrygia)
speciē: speciēs, f. appearance
mortālī: mortālis mortal, human
Atlantiadēs, m. grandson of Atlas,
　here = Mercury
positīs: pōnere *here* = to put down,
　lay aside
cādūcifer staff-bearer
ālīs: āla, f. wing
positīs...ālīs
adiēre = adiērunt
locum: locus, m. *here* = room
requiem: requiēs, f. rest
clausēre = clausērunt
serae: sera, f. bolt, bar
serae clausēre mīlle domōs
ūna (domus) (eōs) recēpit
5　**quidem** indeed
stipulīs: stipula, f. straw
cannā: canna, f. reed
tēcta: tegere cover
palūstrī: palūster of a marsh
(domus) parva...stipulīs et cannā
　palūstrī tēcta
pia: pius dutiful
anus, f. old woman

parilī: parilis equal
aetāte: aetās, f. age
(in) illā...casā
iūnctī: iungere join (in marriage)
iuvenālibus: iuvenālis youthful
iūnctī sunt annīs iuvenālibus
cōnsenuēre = cōnsenuērunt:
　consenēscere grow old together
casā: casa, f. cottage
paupertātem: paupertās, f. poverty
fatendō: fatērī admit
effēcēre = effēcērunt: efficere make,
　render
levem: levis light, unimportant
nec and...not
inīquā: inīquus unfair, *here =*
　impatient, discontented
mente: mēns, f. mind, spirit
ferendō: ferre bear, endure
10　**rēfert** *here* = it matters
illīc there
famulōs: famulus, m. slave
-ne *here* = **an** or
requīrās: requīrere ask for
(utrum) dominōs (an) famulōs
　requīrās
īdem = eīdem

ergō ubi caelicolae parvōs tetigēre penātēs
summissōque humilēs intrārunt vertice postēs,
membra senex positō iussit relevāre sedīlī,
cui superiniēcit textum rude sēdula Baucis.   15
inde focō tepidum cinerem dīmōvit et ignēs
suscitat hesternōs foliīsque et cortice siccō
nūtrit et ad flammās animā prōdūcit anīlī,
multifidāsque facēs rāmāliaque ārida tēctō
dētulit et minuit parvōque admōvit aēnō,   20
quodque suus coniūnx riguō collēgerat hortō
truncat holus foliīs; furcā levat ille bicornī
sordida terga suis nigrō pendentia tignō
servātōque diū resecat dē tergore partem
exiguam sectamque domat ferventibus undīs.   25

Jupiter and Mercury visiting Philemon and Baucis by Rembrandt van Rijn

ergō therefore
caelicolae: caelicola, m. heavenly
  dweller, god
tetigēre = tetigērunt: tangere *here =*
  arrive at
penātēs, m.pl. household gods, *here =*
  house, home
parvōs...penātēs
summissō: summissus bowed,
  lowered
humilēs: humilis low
intrārunt = intrāvērunt
vertice: vertex, m. head
postēs: postis, m. door-post, door
summissō...vertice
humilēs...postēs
membra: membrum, n. limb
relevāre ease, relax
sedīlī: sedīle, n. seat, couch
positō...sedīlī
15 **superiniēcit: superinicere** throw on
  top of
textum, n. cloth, covering
rude: rudis rough, coarse
sēdula: sēdulus busy, bustling
inde then, next
focō: focus, m. hearth
tepidum: tepidus warm
dīmōvit: dīmovēre move away, *here =*
  stir up, poke, rake through
ignēs: ignis, m. fire
suscitat: suscitāre bring to life, rekindle
hesternōs: hesternus yesterday's
ignēs...hesternōs
foliīs: folium, n. leaf
cortice: cortex, m. bark
siccō: siccus dry
nūtrit: nūtrīre feed
animā: anima, f. breath

prōdūcit: prōdūcere bring forward,
  here = coax
anīlī: anīlis of an old woman, elderly
animā...anīlī
multifidās: multifidus finely split
facēs: fax, f. *here =* stick
rāmālia, n.pl. twigs
ārida: āridus dry
tēctō: tēctum, n. *here =* roof-space
20 **dētulit: dēferre** bring down
minuit: minuere chop up
admōvit: admovēre *here =* put under
aēnō: aēnum, n. cauldron, pot
coniūnx, m. husband
riguō: riguus well-watered
truncat: truncāre strip
holus, n. vegetables, greens
et holus, quod suus coniūnx riguō
  hortō collēgerat, foliīs truncat
furcā: furca, f. fork
levat: levāre lift down
ille i.e. Philēmōn
bicornī: bicornis two-pronged
furcā...bicornī
sordida: sordidus *here =* smoked
suis: sūs, m. pig
nigrō: niger black, blackened
tignō: tignum, n. beam, rafter
sordida terga suis pendentia nigrō
  tignō
resecat: resecāre cut off
tergore: tergus, n. back
25 **exiguam: exiguus** very small
resecat dē tergore diū servātō partem
  exiguam
sectam (partem)
domat: domāre tame, *here =* make
  tender
ferventibus: fervēre be hot, boil

intereā mediās fallunt sermōnibus hōrās
sentīrīque moram prohibent. erat alveus illīc
fāgineus dūrā clāvō suspēnsus ab ānsā;
is tepidīs implētur aquīs artūsque fovendōs
accipit. in mediō torus est dē mollibus ulvīs   30
impositus lectō spondā pedibusque salignīs;
vestibus hunc vēlant quās nōn nisi tempore fēstō
sternere cōnsuērant, sed et haec vīlisque vetusque
vestis erat, lectō nōn indignanda salignō.
accubuēre deī.   35

The old lady with her skirts tucked up and with shaking hands set
up the table. One of its three legs was too short so she shoved a
piece of broken pot under to make it level; then she wiped the top
over with fresh green mint. Next she set out some olives, green
ones and black ones (the berries of the maiden goddess Minerva),
some wild cornel-cherries picked in the autumn and pickled in
wine lees, endives and radishes, cream cheese, and eggs lightly
roasted in the warm ashes of the fire. All these things were served
on plates of earthenware.

Next a mixing bowl of the same material and with a raised
pattern was put upon the table; then cups made of beechwood
coated on the inside with yellow wax. There wasn't long to wait
before the great banquet was brought piping hot from the fire-
place. Some wine which wasn't very old was poured out, and then
put to one side to make room for the second course: nuts and figs,
dried dates, plums, sweet-smelling apples in wide baskets and
purple grapes freshly picked from the vines. In the middle was a
beautiful white honeycomb. Added to all this there were honest
faces and rich good nature.

mediās: medius *here* = intervening
fallunt: fallere *here* = while away
mediās…hōrās
moram: mora, f. delay
prohibent: prohibēre + infinitive
  prevent (something from happening)
alveus, m. bowl, tub
fāgineus made of beechwood
clāvō: clāvus, m. nail
suspēnsus: suspendere hang (up)
ānsā: ānsa, f. handle
alveus fāgineus, clāvō suspēnsus
  ab ānsā dūrā
is it, i.e. the bowl
tepidīs…aquīs
implētur: implēre fill
artūs: artus, m. limb
fovendōs: fovēre refresh
30 **torus, m.** couch, *here* = mattress
dē *here* = made of, stuffed with
mollibus: mollis soft
ulvīs: ulva, f. sedge, marsh grass
spondā: sponda, f. frame
salignīs: salignus made of willow
in mediō est torus dē mollibus
  ulvīs impositus lectō, spondā
  pedibusque salignīs out in the
  room there is a couch complete

with a mattress made of soft sedge,
its frame and feet made of willow,
lit. in the middle there is a mattress
of soft sedge, placed on a bed with
willow frame and feet
vestibus: vestis, f. garment, *here* =
  coverlet
hunc (torum)
vēlant: vēlāre cover
sternere spread (out)
cōnsuērant = cōnsuēverant:
  cōnsuēscere become accustomed
cōnsuēverant they had become
  accustomed = they were accustomed
hunc (torum) vēlant vestibus quās…
  sternere cōnsuērant
et even
vīlis cheap
-que…-que both…and
vetus old
indignanda: indignandus unworthy
(vestis) nōn indignanda lectō salignō
  a coverlet suitable for a willow
  couch, *lit.* a coverlet not unworthy
  for a willow couch
35 **accubuēre = accubuērunt: accumbere**
  recline (at table)

intereā totiēns haustum crātēra replērī
sponte suā per sēque vident succrēscere vīna;
attonitī novitāte pavent manibusque supīnīs
concipiunt Baucisque precēs timidusque Philēmōn
et veniam dapibus nūllīsque parātibus ōrant.   40
ūnicus ānser erat, minimae custōdia vīllae,
quem dīs hospitibus dominī mactāre parābant;
ille celer pennā tardōs aetāte fatīgat
ēlūditque diū tandemque est vīsus ad ipsōs
cōnfūgisse deōs. superī vetuēre necārī   45
'dī'que 'sumus, meritāsque luet vīcīnia poenās
impia' dīxērunt; 'vōbīs immūnibus huius
esse malī dabitur. modo vestra relinquite tēcta
ac nostrōs comitāte gradūs et in ardua montis
īte simul.' pārent ambō baculīsque levātī   50
nītuntur longō vestīgia pōnere clīvō.
tantum aberant summō, quantum semel īre sagitta
missa potest; flexēre oculōs et mersa palūde
cētera prōspiciunt, tantum sua tēcta manēre.

totiēns so often, *here* = as often as...
crātēra (accusative sing.): crātēr, m.
mixing bowl for wine
replērī: replēre refill
sponte suā of its own accord
(vident) crātēra totiēns haustum suā
sponte replērī they see that as
often as the mixing bowl for wine
is emptied it is refilled of its own
accord
per sē on its own, spontaneously
succrēscere spring up, be supplied
et vident vīna per sē succrēscere
novitāte: novitās, f. strangeness
pavent: pavēre be fearful
supīnīs: supīnus facing upwards
concipiunt: concipere conceive,
here = utter
40 **veniam: venia, f.** pardon
dapibus: daps, f. meal, banquet
nūllīs: nūllus *here* = non-existent
parātibus: parātus, m. preparation
ūnicus single, just one
ānser, m. goose
custōdia, f. guard
mactāre sacrifice
celer quick
pennā: penna, f. wing
tardōs: tardus slow
fatīgat: fatīgāre tire, wear out
ēlūdit: ēlūdere escape, elude
ille (eōs) tardōs aetāte fatīgat et diū
ēlūdit
vīsus est: vidērī seem
45 **cōnfūgisse: cōnfugere** flee for refuge
et tandem (ille) vīsus est ad deōs
ipsōs cōnfūgisse
superī, m.pl. gods
vetuēre = vetuērunt: vetāre forbid

meritās: meritus deserved, just
luet: luere pay
vīcīnia, f. neighbourhood
impia: impius undutiful, wicked
vīcīnia impia poenās meritās luet
immūnibus: immūnis + genitive free
of, exempt from
malī: malum, n. disaster
dabitur: dare *here* = grant, allow
vōbīs immūnibus huius malī esse
dabitur you will be allowed to
escape this disaster, *lit.* it will be
granted to you to be free of this
disaster
modo only, just
comitāte: comitāre accompany, follow
gradūs: gradus, m. step
ardua: arduum, n. height
in ardua montis to the heights of the
mountain
50 **simul** at the same time, together
baculīs: baculum, n. stick, staff
levātī: levāre lift, *here* = support
nītuntur: nītī struggle
vestīgia: vestīgium, n. (foot-)step
clīvō: clīvus, m. hill-side
nītuntur vestīgia pōnere longō clīvō
tantum...quantum as far... as
summō: summum, n. the top
semel once, *here* = in one shot
sagitta, f. arrow
missa: mittere *here* = fire, shoot
tantum...quantum sagitta missa semel
īre potest
flexēre = flexērunt: flectere turn
mersa: mergere sink, submerge
palūde: palūs, f. marsh
prōspiciunt: prōspicere see (in the
distance)

dumque ea mīrantur, dum dēflent fāta suōrum,   55
illa vetus dominīs etiam casa parva duōbus
vertitur in templum; furcās subiēre columnae,
strāmina flāvēscunt aurātaque tēcta videntur
caelātaeque forēs adopertaque marmore tellūs.
tālia tum placidō Sāturnius ēdidit ōre: 60
'dīcite, iūste senex et fēmina coniuge iūstō
digna, quid optētis.' cum Baucide pauca locūtus
iūdicium superīs aperit commūne Philēmōn:
'esse sacerdōtēs dēlūbraque vestra tuērī
poscimus, et quoniam concordēs ēgimus annōs,   65
auferat hōra duōs eadem, nec coniugis umquam
busta meae videam neu sim tumulandus ab illā.'
vōta fidēs sequitur; templī tūtēla fuēre,
dōnec vīta data est. annīs aevōque solūtī
ante gradūs sacrōs cum stārent forte locīque   70
nārrārent cāsūs, frondēre Philēmona Baucis,
Baucida cōnspexit senior frondēre Philēmōn.

55 **mīrantur: mīrārī** gaze in wonder at
dēflent: dēflēre weep at
fāta: fātum, n. fate
suōrum: suī, m.pl. *here* = their
  neighbours
dominīs: dominus, m. *here* =
  occupant
illa vetus casa, parva etiam duōbus
  dominīs
furcās: furca, f. fork, *here* = forked
  pole, support
subiēre = subiērunt: subīre go under,
  here = take the place of
columnae: columna, f. column, pillar
strāmina: strāmen, n. straw, thatch
flāvēscunt: flāvēscere turn yellow
aurāta: aurātus gilded
caelātae: caelātus carved, engraved
forēs, f.pl. doors
adoperta: adopertus covered
marmore: marmor, n. marble
tellūs, f. ground
tēcta videntur aurāta et forēs
  (videntur) caelātae et tellūs
  (vidētur) adoperta marmore
60 **placidō: placidus** calm, peaceful
Sāturnius, m. the son of Saturn =
  Jupiter
ēdidit: ēdere publish, *here* = utter,
  say
ōre: ōs, n. mouth, lips
tum Sāturnius tālia ōre placidō ēdidit
iūste: iūstus just, honest
digna: dignus + ablative worthy of
fēmina digna coniuge iūstō
optētis: optāre wish
dīcite...quid optētis

iūdicium, n. judgement, decision
aperit: aperīre *here* = reveal
commūne: commūnis shared, joint
Philēmōn cum Baucide pauca locūtus
  iūdicium commūne superīs aperit
dēlūbra: dēlūbrum, n. shrine,
  sanctuary
tuērī watch over
65 **quoniam** since
concordēs: concors together, in
  harmony
ēgimus: agere spend, pass (time)
auferat: auferre *here* = carry off
eadem hōra (nōs) duōs auferat
coniugis: coniūnx, f. *here* = wife
busta: bustum, n. tomb
busta coniugis meae
neu and may...not
tumulandus: tumulāre bury
neu ab illā tumulandus sim and may I
  not have to be buried by her
vōta: vōtum, n. prayer
fidēs, f. *here* = fulfilment
tūtēla, f. guardian(s)
fuēre = fuērunt
dōnec while, as long as
aevō: aevum, n. (old) age
solūtī: solvere *here* = wear out
71 **cāsūs: cāsus, m.** fortune, events
frondēre grow leaves
Philēmona (accusative)
Baucida (accusative)
senior older, old
Baucis (cōnspexit) Philēmona
  frondēre, senior Philēmōn
  cōnspexit Baucida frondēre

iamque super geminōs crēscente cacūmine vultūs
mūtua, dum licuit, reddēbant dicta 'valē'que
'ō coniūnx' dīxēre simul, simul abdita tēxit   75
ōra frutex.

Terracotta of lovers

super + accusative on top of, over
geminōs: geminī *here* = both
crēscente: crēscere grow
cacūmine: cacūmen, n. tree-top
cacūmine crēscente super geminōs
   vultūs
mūtua: mūtuus in turn
licuit: licēre (impersonal verb) be
   allowed, be possible
licuit it was possible
dicta: dictum, n. word
mūtua dicta reddēbant they
   exchanged words in turn, *lit.*
   they returned mutual words

75 **ō O**
coniūnx, m. f. *here* = spouse, partner
dīxēre = dīxērunt
abdita: abdere hide
tēxit: tegere cover
frutex, m. greenery
frutex ōra abdita tēxit greenery
   covered and hid their faces, *lit.*
   greenery covered their hidden
   faces

amor

How many kisses?

quaeris, quot mihi bāsiātiōnēs
tuae, Lesbia, sint satis superque.
quam magnus numerus Libyssae harēnae
lāsarpīciferīs iacet Cyrēnīs
ōrāclum Iovis inter aestuōsī   5
et Battī veteris sacrum sepulcrum;
aut quam sīdera multa, cum tacet nox,
fūrtīvōs hominum vident amōrēs:
tam tē bāsia multa bāsiāre
vēsānō satis et super Catullō est,   10
quae nec pernumerāre cūriōsī
possint nec mala fascināre lingua.

                                        Catullus

Can she be faithful?

iūcundum, mea vīta, mihī prōpōnis amōrem
   hunc nostrum inter nōs perpetuumque fore.
dī magnī, facite ut vērē prōmittere possit
   atque id sincērē dīcat et ex animō,
ut liceat nōbīs tōtā perdūcere vītā   5
   aeternum hoc sānctae foedus amīcitiae.

                                          Catullus

Conflicting emotions

ōdī et amō. quārē id faciam, fortasse requīris.
   nescio, sed fierī sentiō et excrucior.

                                          Catullus

bāsiātiōnēs: bāsiātiō, f. kiss, kissing
super more than enough
quam (3)...tam (9) as...so
Libyssae: Libyssus Libyan
harēnae: harēna, f. sand, grain of sand
lāsarpīciferīs: lāsarpīcifer silphium-
    producing
Cyrēnīs: Cyrēnae, f.pl. Cyrene, a
    city and province in N. Africa
5 ōrāclum, n. oracle
Iovis: Iuppiter, m. Jupiter
aestuōsī: aestuōsus sultry
Battī: Battus, m. Battus, the founder
    of Cyrene
veteris: vetus old
inter ōrāclum Iovis aestuōsī et
    sepulcrum sacrum Battī veteris

aut or
sīdera: sīdus, n. star
fūrtīvōs: fūrtīvus secret
amōrēs: amor, m. *herc* = love-affair
fūrtīvōs...amōrēs
bāsia: bāsium, n. kiss
bāsiāre kiss
10 vēsānō: vēsānus mad, crazy
vēsānō...Catullō
nec...nec neither...nor
pernumerāre reckon up, count
cūriōsī: cūriōsus prying, inquisitive
fascināre bewitch
bāsia...quae nec cūriōsī pernumerāre
    possint nec mala lingua fascināre
    (possit)

iūcundum: iūcundus pleasant
prōpōnis: prōpōnere declare, promise
perpetuum: perpetuus unending,
    everlasting
fore = futūrum esse
mihī prōpōnis hunc amōrem
    nostrum inter nōs iūcundum
    perpetuumque fore
facite ut grant that
vērē truly
sincērē sincerely
animō: animus, m. *here* = heart

5 liceat: licēre (impersonal verb) be
    allowed
liceat nōbīs we may be allowed
perdūcere extend, prolong
tōtā...vītā
aeternum: aeternus lifelong
sānctae: sānctus holy
foedus, n. pact
hoc foedus...aeternum
amīcitiae: amīcitia, f. friendship
sānctae...amīcitiae

amō: amāre love
requīris: requīrere ask

fierī happen
excrucior: excruciāre torment

Contradictions

difficilis facilis, iūcundus acerbus es īdem:
  nec tēcum possum vīvere nec sine tē.

Martial

Ovid picks a favourite at the races

nōn ego nōbilium sedeō studiōsus equōrum;
  cui tamen ipsa favēs, vincat ut ille, precor.
ut loquerer tēcum, vēnī, tēcumque sedērem,
  nē tibi nōn nōtus, quem facis, esset amor.
tū cursūs spectās, ego tē: spectēmus uterque   5
  quod iuvat atque oculōs pāscat uterque suōs.
ō, cuicumque favēs, fēlīx agitātor equōrum!
  ergō illī cūrae contigit esse tuae?
hoc mihi contingat, sacrō dē carcere missīs
  īnsistam fortī mente vehendus equīs,   10
et modo lōra dabō, modo verbere terga notābō,
  nunc stringam mētās interiōre rotā.
sī mihi currentī fueris cōnspecta, morābor,
  dēque meīs manibus lōra remissa fluent.

Ovid

facilis *here* = easy-going
iūcundus pleasant

acerbus harsh, sour
īdem likewise

nōbilium: nōbilis *here* = thoroughbred
studiōsus + genitive keen on, (as a)
fan of
nōbilium...equōrum
precor ut ille, cui ipsa favēs, vincat
nē that...not, so that...not
nē amor, quem facis, nōn nōtus tibi   10
esset so that you should be aware
of the feelings of love you cause,
lit. so that the love, which you
make, should not be unknown to
you
5 **cursūs: cursus, m.** *here* = race
ego tē (spectō)
uterque each, *here* = each of us
iuvat: iuvāre please
quod iuvat what we like, *lit.* what
pleases (us)
pāscat: pāscere graze, *here* = feast
suōs: suus *here* = his or her
oculōs...suōs
cuicumque: quīcumque whoever
fēlīx lucky
agitātor, m. driver, charioteer
ergō therefore
contigit: contingere touch, happen
illī...contigit? has he had the good
luck? *lit.* has it happened to him?

cūrae tuae esse to be of concern to
you, to make you care for him
hoc mihi contingat if I should have
this good luck, *lit.* should this
happen to me
carcere: carcer, m. *here* = starting-gate
insistam: īnsistere press on
mente: mēns, f. mind
fortī mente resolutely
vehendus being carried along
equīs dē sacrō carcere missīs
modo...modo at one time...at another
time
lōra, n.pl. reins
lōra dabō: lōra dare slacken the reins
verbere: verber, n. lash, whip
notābō: notāre mark
stringam: stringere graze, shave
mētās: mēta, f. turning-post
interiōre: interior nearside, inner
rotā: rota, f. wheel
sī mihi currentī cōnspecta fueris if as I
race I catch sight of you, *lit.* if you
will have been noticed by me
running
morābor: morārī slow down, stop
remissa: remissus slack
fluent: fluere flow, *here* = drop

Pyrrha

quis multā gracilis tē puer in rosā
perfūsus liquidīs urget odōribus
   grātō, Pyrrha, sub antrō?
      cui flāvam religās comam,

simplex munditiīs? heu quotiēns fidem   5
mūtātōsque deōs flēbit et aspera
   nigrīs aequora ventīs
      ēmīrābitur īnsolēns,

quī nunc tē fruitur crēdulus aureā,
quī semper vacuam, semper amābilem   10
   spērat, nescius aurae
      fallācis. miserī, quibus

intemptāta nitēs. mē tabulā sacer
vōtīvā pariēs indicat ūvida
   suspendisse potentī   15
      vestīmenta maris deō.

                         Horace

Detail of Arretine vase, lovers

gracilis slim
rosā: rosa, f. rose
perfūsus: perfundere drench
liquidīs: liquidus wet, liquid
urget: urgēre *here* = embrace, make
   love to
odōribus: odor, m. perfume
grātō: grātus pleasing, welcoming
sub *here* = deep inside
antrō: antrum, n. cave, grotto
quis gracilis puer, liquidīs odōribus
   perfūsus, in multā rosā sub grātō
   antrō tē urget, Pyrrha?
flāvam: flāvus honey-gold
religās: religāre tie up
comam: coma, f. hair
5 simplex simple
munditiīs: munditia, f. elegance
heu alas
quotiēns how often
fidem (mūtātam)
mūtātōs: mūtāre change, alter
flēbit: flēre weep (at), weep (over)
aspera: asper rough, *here* = made
   rough
nigrīs: niger black, dark
aequora: aequor, n. sea
aequora aspera nigrīs ventīs

ēmīrābitur: ēmīrārī be amazed at
īnsolēns inexperienced
fruitur: fruī + ablative enjoy
crēdulus ready to believe, trustful(ly)
   tē…aureā
10 vacuam: vacuus empty, *here* –
   unattached, available
amābilem: amābilis lovable
spērat (tē) semper vacuam, semper
   amābilem (futūram esse)
nescius unaware of
aurae: aura, f. breeze
fallācis: fallāx treacherous
miserī (sunt eī)
intemptāta: intemptātus untried
nitēs: nitēre shine, sparkle
tabulā: tabula, f. tablet, plaque
vōtīvā: vōtīvus votive
pariēs, m. wall
indicat: indicāre point out
ūvida: ūvidus wet
15 suspendisse: suspendere hang up
potentī: potēns + genitive having
   power over
pariēs sacer tabulā vōtīvā indicat mē
   vestīmenta ūvida deō potentī
   maris suspendisse

Alcyone fears for her husband Ceyx who has to go on a journey

cōnsiliī tamen ante suī, fīdissima, certam
tē facit, Alcyonē; cui prōtinus intima frīgus
ossa recēpērunt, buxōque simillimus ōra
pallor obīt, lacrimīsque genae maduēre profūsīs.
ter cōnāta loquī, ter flētibus ōra rigāvit,   5
singultūque piās interrumpente querellās
'quae mea culpa tuam' dīxit 'cārissime, mentem
vertit? ubi est, quae cūra meī prior esse solēbat?
iam potes Alcyonē sēcūrus abesse relictā?
iam via longa placet? iam sum tibi cārior absēns?   10
aequora mē terrent et pontī trīstis imāgō!
et lacerās nūper tabulās in lītore vīdī,
et saepe in tumulīs sine corpore nōmina lēgī.
quod tua sī flectī precibus sententia nūllīs,
cāre, potest, coniūnx, nimiumque es certus eundī,   15
mē quoque tolle simul! certē iactābimur ūnā,
nec, nisi quae patiar, metuam; pariterque ferēmus,
quidquid erit, pariter super aequora lāta ferēmur.'

Ovid

ante *here* = beforehand
cōnsiliī...suī
fidissima: fidus faithful
certam: certus certain
(Ceyx) tē certam facit (Ceyx) informs
   you
fīdissima...Alcyonē
prōtinus immediately
intima: intimus innermost
frīgus, n. chill
ossa: os, n. bone
cui prōtinus intima ossa frīgus
   recēpērunt immediately a cold
   shiver ran right through her, *lit.*
   to whom immediately the innermost bones received a chill
buxō: buxum, n. boxwood
simillimus: similis similar
pallor, m. paleness
pallor simillimus buxō
obīt: obīre *here* = cover
genae: gena, f. cheek
maduēre = maduērunt: madēre be
   wet
profūsīs: profundere pour down
lacrimīs...profūsīs as the tears
   poured down
5 ter three times
flētibus: flētus, m. tears
rigāvit: rigāre wet
singultū: singultus, m. sobbing
piās: pius loving
interrumpente: interrumpere interrupt
querellās: querella, f. complaint,
   protest
singultū interrumpente piās querellās
quae?: quī? what?
culpa, f. fault
mentem: mēns, f. mind, *here* = feelings
tuam...mentem

cūra meī concern for me
prior *here* = all important
ubi est (illa) cūra meī, quae prior esse
   solēbat?
sēcūrus untroubled
Alcyonē...relictā
10 via, f. *here* = journey
absēns (when) absent
aequora: aequor, n. sea, waves
pontī: pontus, m. sea
imāgō, f. vision, thought
lacerās: lacer wrecked, shattered
tabulās: tabula, f. tablet, *here* = plank,
   timber
tumulīs: tumulus, m. tomb
quod...sī but if
flectī: flectere move, influence
sententia, f. purpose, intention
15 coniūnx, m. husband
quod sī, cāre coniūnx, tua sententia
   nūllīs precibus flectī potest
nimium *here* = absolutely
certus eundī set on going, determined
   to go
tolle: tollere *here* = take
certē certainly, at least
iactābimur: iactāre toss about
ūnā together
nec and...not
metuam: metuere fear
nec, nisi quae patiar, metuam and I
   shall need to fear only the dangers
   I face, *lit.* and I shall not fear
   except what I shall suffer
pariter together
ferēmus: ferre bear, endure, carry
quidquid whatever
super + accusative over

Love will not let the poet sleep

lectō compositus vix prīma silentia noctis
  carpēbam et somnō lūmina victa dabam,
cum mē saevus Amor prēnsat sursumque capillīs
  excitat et lacerum pervigilāre iubet.
'tū famulus meus' inquit 'amēs cum mīlle puellās,   5
  sōlus, iō, sōlus, dūre, iacēre potes?'
exsiliō et pedibus nūdīs tunicāque solūtā
  omne iter impediō, nūllum iter expediō.
nunc properō, nunc īre piget, rūrsumque redīre
  paenitet, et pudor est stāre viā mediā.   10
ecce tacent vōcēs hominum strepitusque viārum
  et volucrum cantūs turbaque fīda canum:
sōlus ego ex cūnctīs paveō somnumque torumque,
  et sequor imperium, magne Cupīdo, tuum.

Petronius

lectō compositus...

compositus *here* = settled
vix *here* = only just
carpēbam: carpere pick, *here* = enjoy
somnō: somnus, m. sleep
lūmina, n.pl. eyes
prēnsat: prēnsāre grab hold of
sursum up, upwards
capillīs: capillī, m.pl. hair
excitat: excitāre *here* = raise
lacerum: lacer shattered
mē...lacerum
pervigilāre stay awake
5 famulus, m. slave
cum + subjunctive although
iō hey!
dūre: dūrus *here* = hard-hearted,
    obstinate
exsiliō: exsilīre jump up
nūdīs: nūdus naked, bare
tunicā solūtā with loose tunic
iter, n. *here* = road
impediō: impedīre block

expediō: expedīre free
properō: properāre hurry
piget: pigēre (impersonal verb)
    displease (someone)
(mē) piget I dislike
rūrsum again
10 paenitet: paenitēre (impersonal verb)
    make (someone) sorry
(mē) paenitet I regret
pudor est I am ashamed, *lit.* there is
    shame
volucrum: volucris, f. bird
cantūs: cantus, m. song
fīda: fīdus faithful
cūnctīs: cūnctus all
paveō: pavēre dread
-que...-que both...and
torum: torus, m. bed
imperium, n. *here* = command
Cupīdo, m. Cupid, Venus' son, god of
    love
imperium...tuum

...cum mē
saevus Amor...

ōtium

The good life

sī tēcum mihi, cāre Mārtiālis,
sēcūrīs liceat fruī diēbus,
sī dispōnere tempus ōtiōsum
et vērae pariter vacāre vītae,
nec nōs ātria nec domōs potentum   5
nec lītēs tetricās forumque trīste
nōssēmus nec imāginēs superbās;
sed gestātio, fābulae, libellī,
Campus, porticus, umbra, Virgo, thermae,
haec essent loca semper, hī labōrēs.   10
nunc vīvit necuter sibī, bonōsque
sōlēs effugere atque abīre sentit,
quī nōbīs pereunt et imputantur.
quisquam, vīvere cum sciat, morātur?

Martial

ōtium, n. leisure

Mārtiālis, m. Martial, a friend of the
  poet of the same name

sēcūrīs: sēcūrus untroubled, carefree

liceat: licēre (impersonal verb) be
  allowed

sī...mihi...liceat if I were allowed,
  lit. if it were allowed to me

fruī + ablative enjoy

*sī mihi liceat tēcum diēbus sēcūrīs
  fruī*

dispōnere arrange

sī (liceat) dispōnere

pariter alike, *here* = in each other's
  company

vacāre have the time for

vērae...vītae

5 potentum: potēns powerful

potentum (hominum)

lītēs: līs, f. lawsuit

tetricās: tetricus gloomy, grim

nōssēmus: nōvisse know, be familiar
  with

nōssēmus = nōvissēmus we would
  be familiar with

imāginēs: imāgō, f. statue, bust

superbās: superbus haughty

gestātiō, f. riding

fābulae: fābula, f. *here* = conversation,
  gossip

libellī: libellus, m. book

Campus = Campus Mārtius the
  Campus Martius, a recreational
  open space west of the River Tiber

porticus, f. colonnade

umbra, f. *here* = shade

Virgo = Aqua Virgo the Aqua Virgo,
  an aqueduct in Rome

thermae, f.pl. baths

10 labōrēs: labor, m. *here* = interests

nunc *here* = now, as things are

necuter neither of the two (of us)

sōlēs: sōl, m. *here* = day

*sentit bonōs sōlēs effugere atque
  abīre*

imputantur: imputāre charge to,
  reckon up

quisquam anyone

sciat: scīre *here* = know how to

morātur: morārī delay, hesitate

The pleasures of country life

beātus ille quī procul negōtiīs,
  ut prīsca gēns mortālium,
paterna rūra bōbus exercet suīs
  solūtus omnī faenore,
neque excitātur classicō mīles trucī,   5
  neque horret īrātum mare,
forumque vītat et superba cīvium
  potentiōrum līmina.
libet iacēre modo sub antīquā īlice,
  modo in tenācī grāmine.   10
lābuntur altīs interim rīpīs aquae,
  queruntur in silvīs avēs,
fontēsque lymphīs obstrepunt mānantibus,
  somnōs quod invītet levēs.

                                        Horace

As it is: the remains of Horace's villa at Licenza

beātus happy
procul + ablative far removed from
ut like
prīsca: prīscus ancient
gēns, f. race
mortālium: mortālis, m. mortal
paterna: paternus father's, ancestral
rūra: rūs, n. farm
bōbus: bōs, m. ox
exercet: exercēre *here* = cultivate
solūtus: solvere free, release
faenore: faenus, n. interest (on
   money)
quī…omnī faenore solūtus, rūra
paterna bōbus suīs exercet
5 classicō: classicum, n. war-trumpet
mīles (as) a soldier
trucī: trux grim
classicō… trucī
horret: horrēre dread, shudder at
superba: superbus proud, haughty
līmina: līmen, n. doorway
līmina superba cīvium potentiōrum

libet: libēre (impersonal verb) be
   pleasing
libet it is pleasing
modo…modo at one time…at another
   time
īlice: īlex, f. holm-oak
10 tenācī: tenāx firm
grāmine: grāmen, n. grass
lābuntur: lābī flow
interim meanwhile
aquae rīpīs altīs lābuntur
queruntur: querī complain, *here* =
   sing
lymphīs: lympha, f. water
obstrepunt: obstrepere murmur,
   babble
mānantibus: mānāre flow, trickle
fontēs lymphīs mānantibus
obstrepunt
somnōs: somnus, m. sleep
levēs: levis light, *here* = gentle
somnōs…levēs

As it was: a Roman country house in North Africa

Poetry and friendship

hesternō, Licinī, diē ōtiōsī
multum lūsimus in meīs tabellīs,
ut convēnerat esse dēlicātōs;
scrībēns versiculōs uterque nostrum
lūdēbat numerō modo hōc modo illōc,   5
reddēns mūtua per iocum atque vīnum.
atque illinc abiī tuō lepōre
incēnsus, Licinī, facētiīsque,
ut nec mē miserum cibus iuvāret
nec somnus tegeret quiēte ocellōs,   10
sed tōtō indomitus furōre lectō
versārer, cupiēns vidēre lūcem,
ut tēcum loquerer simulque ut essem.
at dēfessa labōre membra postquam
sēmimortua lectulō iacēbant,   15
hoc, iūcunde, tibī poēma fēcī,
ex quō perspicerēs meum dolōrem.
nunc audāx cave sīs, precēsque nostrās,
ōrāmus, cave dēspuās, ocelle,
nē poenās Nemesis reposcat ā tē.   20
est vēmēns dea. laedere hanc cavētō.

Catullus

hesternō...diē yesterday
Licinī: Licinius, m. Licinius
multum a lot
lūsimus: lūdere *here* = amuse oneself
tabellīs: tabella, f. writing-tablet
convēnerat: convenīre (impersonal
　verb) suit, be agreed
(nōs) convēnerat we had agreed
dēlicātōs: dēlicātus frivolous
versiculōs: versiculus, m. short verse
uterque, m. each (of two)
uterque nostrum each of us
5　numerō: numerus, m. *here* – metre
illōc = illō
numerō...hōc...illō
reddēns: reddere *here* = reply
mūtua: mūtuus in turn
reddēns mūtua exchanging ideas
illinc from there (= Licinius' house)
lepōre: lepor, m. charm
incēnsus *here* = inflamed
facētiīs: facētiae, f.pl. cleverness,
　humour, wit
iuvāret: iuvāre please, delight
10　somnus, m. sleep
tegeret: tegere cover
quiēte: quiēs, f. rest, *here* = slumber
ocellōs: ocellus, m. eye
indomitus wild
furōre: furor, m. excitement, 'nerves'
tōtō...lectō
versārer: versārī toss and turn
ut...iuvāret...tegeret...versārer

(ego) furōre indomitus tōtō lectō
　versārer
simul together, *here* = with you
labōre: labor, m. *here* = fatigue
membra: membrum, n. limb, body
15　sēmimortua: sēmimortuus half-dead
lectulō: lectulus, m. bed
postquam membra labōre dēfessa
　sēmimortua lectulō iacēbant
iūcunde: iūcundus pleasant, *here* =
　dear (friend)
poēma, n. poem
hoc...poēma
perspicerēs: perspicere note, observe
dolōrem: dolor, m. *here* = feelings,
　wretchedness
audāx *here* = oversure, arrogant
cave: cavēre be careful
cave (nē) sīs be careful not to be
precēs, f.pl. *here* = requests
dēspuās: dēspuere spit out, *here* =
　reject
cave (nē) precēs nostrās dēspuās
ocelle *here* = dear friend
20　poenās: poena, f. *here* = retribution
Nemesis, f. Nemesis, goddess of
　retribution
reposcat: reposcere demand in return
vēmēns powerful
laedere harm
hanc (deam) laedere cavētō beware of
　harming this goddess

Catullus invites a friend to dinner

cēnābis bene, mī Fabulle, apud mē
paucīs, sī tibi dī favent, diēbus,
sī tēcum attuleris bonam atque magnam
cēnam, nōn sine candidā puellā
et vīnō et sale et omnibus cachinnīs.   5
haec sī, inquam, attuleris, venuste noster,
cēnābis bene; nam tuī Catullī
plēnus sacculus est arāneārum.
sed contrā accipiēs merōs amōrēs,
seu quid suāvius ēlegantiusve est: 10
nam unguentum dabo, quod meae puellae
dōnārunt Venerēs Cupīdinēsque,
quod tū cum olfaciēs, deōs rogābis,
tōtum ut tē faciant, Fabulle, nāsum.

Catullus

Perfume container

mī = vocative of **meus**
Fabulle: Fabullus, m. Fabullus
paucīs…diēbus
attuleris: afferre bring
candidā: candidus white, *here* =
beautiful, dazzling, attractive
5 **sale: sal, m.** salt, *here* = wit
omnibus: omnis *here* = all sorts of
cachinnīs: cachinnus, m. laughter, fun
inquam I say
sī haec attuleris
venuste: venustus charming
noster *here* = my (friend)
Catullī: Catullus, m. Catullus
sacculus, m. purse
arāneārum: arānea, f. cobweb
contrā *here* = in return
merōs: merus pure, undiluted

amōrēs: amor, m. *here* = affection
10 **seu quid** or anything which
ēlegantius: ēlegāns tasteful, exquisite
-ve or
unguentum, n. perfume
dōnārunt = dōnāvērunt: dōnāre give
Venerēs: Venus, f. Venus, goddess of
love
Cupīdinēs: Cupīdō, m. Cupid, Venus'
son, god of love
Venerēs Cupīdinēsque the gods and
goddesses of love
quod Venerēs Cupīdinēsque meae
puellae dōnārunt
olfaciēs: olfacere smell
nāsum: nāsus, m. nose
deōs rogābis ut tē tōtum nāsum
faciant

A good place to find a girl

sed tū praecipuē curvīs vēnāre theātrīs;
   haec loca sunt vōtō fertiliōra tuō.
illīc inveniēs quod amēs, quod lūdere possīs,
   quodque semel tangās, quodque tenēre velīs.
ut redit itque frequēns longum formīca per agmen,   5
   grāniferō solitum cum vehit ōre cibum,
aut ut apēs saltūsque suōs et olentia nactae
   pāscua per flōrēs et thyma summa volant,
sīc ruit ad celebrēs cultissima fēmina lūdōs;
   cōpia iūdicium saepe morāta meum est.   10
spectātum veniunt, veniunt spectentur ut ipsae;
   ille locus castī damna pudōris habet.

                          Ovid

Bone rings decorated with theatre masks

praecipuē especially
curvīs: curvus rounded, curving
vēnāre: vēnārī go hunting
theātrīs: theātrum, n. theatre
curvīs...theātrīs
vōtō: vōtum, n. vow, *here* = wish
fertiliōra: fertilis fertile, productive
vōtō...tuō
illīc there
lūdere play, *here* = deceive, string
    along
semel once
tangās: tangere touch
5 frequēns numerous
formīca, f. ant
frequēns...formīca
per longum agmen
grāniferō: grānifer grain-carrying
solitum: solitus usual
ōre: ōs, n. *here* = mouth
cum cibum solitum ōre grāniferō
    vehit
aut or
apēs: apis, f. bee
saltūs: saltus, m. glade

-que...et both...and
olentia: olēns fragrant
nactae: nancīscī obtain, *here* = find
pāscua: pāscuum, n. pasture
apēs, saltūsque suōs et pāscua olentia
    nactae
thyma: thymum, n. thyme
summa: summus *here* = tips
volant: volāre fly
sīc *here* = so
celebrēs: celeber crowded
cultissima: cultus smart, well-dressed
ad celebrēs...lūdōs
10 cōpia, f. supply, *here* = sheer number
iūdicium, n. judgement, choice
morāta...est: morārī delay, hinder
cōpia iūdicium meum saepe morāta
    est
spectātum veniunt they come to
    watch
castī: castus chaste, pure
damna: damnum, n. loss, damage
pudōris: pudor, m. sense of shame
castī...pudōris *here* = chastity
habet: habēre *here* = involve

How ordinary people enjoy a festival

Īdibus est Annae fēstum geniāle Perennae
    nōn procul ā rīpīs, advena Thybri, tuīs.
plēbs venit ac viridēs passim disiecta per herbās
    pōtat et accumbit cum pare quisque suā;
sub Iove pars dūrat, paucī tentōria pōnunt,   5
    sunt quibus ē rāmīs frondea facta casa est;
pars, ubi prō rigidīs calamōs statuēre columnīs,
    dēsuper extentās imposuēre togās.
sōle tamen vīnōque calent annōsque precantur,
    quot sūmant cyathōs, ad numerumque bibunt;   10
inveniēs illīc quī Nestoris ēbibat annōs,
    quae sit per calicēs facta Sibylla suōs.

Īdibus (Martiīs) on 15th March, *lit.* on the Ides (of March)

Annae...Perennae: Anna Perenna, f. Anna Perenna, a goddess of the year

fēstum, n. festival

geniāle: geniālis joyful, jolly

advena foreign, from abroad

Thybri: Thybris, m. river Tiber

plēbs, f. the ordinary people

viridēs: viridis green

passim everywhere

disiecta: disicere scatter

per *here* = over

herbās: herba, f. grass

plēbs...disiecta per herbās viridēs

pōtat: pōtāre drink

accumbit: accumbere lie down

pare: pār, m. or f. companion, partner

quisque each

quisque cum pare suā accumbit

5 **sub Iove** in the open air

pars...pars (7) some...others

dūrat: dūrāre brave it, rough it

paucī *here* = a few

tentōria: tentōrium, n. tent

pōnunt: pōnere *here* = put up, pitch

rāmīs: rāmus, m. branch

frondea: frondeus leaf-covered

casa, f. shelter

sunt quibus casa frondea ē rāmīs facta est some build a leafy shelter from branches, *lit.* there are those

by whom a leaf-covered shelter is made from branches

prō + ablative *here* = in place of

rigidīs: rigidus sturdy

calamōs: calamus, m. reed

statuēre = statuērunt: statuere set up

prō rigidīs...columnīs

dēsuper from above, on the top

extentās: extendere spread out

imposuēre = imposuērunt

togās: toga, f. toga

extentās... togās

calent: calēre be warm, be flushed

10 **sūmant: sūmere** take

cyathōs: cyathus, m. wine-ladle, *here* = cupful

(tot) annōs precantur, quot cyathōs sūmant they pray for as many years as they take cupfuls (of wine)

ad numerum by numbers

illīc there

(eum) quī (somebody) to...

Nestoris: Nestōr, m. Nestor, a Homeric king of great age

ēbibat: ēbibere drink down

(inveniēs eam) quae (you will find somebody) to...

calicēs: calix, m. wine-cup

Sibylla, f. Sibyl, a prophetess of great age

quae per calicēs suōs Sibylla facta sit to be a Sibyl through her wine-cups

illīc et cantant quidquid didicēre theātrīs,
   et iactant facilēs ad sua verba manūs
et dūcunt positō dūrās crātēre chorēās,   15
   cultaque diffūsīs saltat amīca comīs.
cum redeunt, titubant et sunt spectācula vulgī,
   et fortūnātōs obvia turba vocat.

Ovid

Tipsy worshippers

quidquid whatever
didicēre = didicērunt: discere learn
iactant: iactāre wave
facilēs: facilis *here* = uninhibited
ad *here* = in time with
manūs: manus, f. *here* = arm
15 positō: pōnere *here* = put down (on
    the ground)
dūrās: dūrus *here* = clumsy
crātēre: crātēr, m. mixing bowl for
    wine
positō...crātēre
chorēās: chorēa, f. dance
chorēās dūrās dūcunt

culta: cultus smart, well-dressed
diffūsīs: diffūsus spread out, stream-
    ing
amīca, f. girlfriend
comīs: coma, f. hair
culta amīca comīs diffūsīs saltat
titubant: titubāre stagger
spectācula: spectāculum, n. *here* = a
    sight
vulgī: vulgus, n. crowd, public
fortūnātōs: fortūnātus lucky, blessed
obvia: obvius along their route
turba obvia (eōs) fortūnātōs vocat

vīta rūstica et vīta urbāna

The city, hour by hour

prīma salūtantēs atque altera conterit hōra;
  exercet raucōs tertia causidicōs;
in quīntam variōs extendit Rōma labōrēs;
  sexta quiēs lassīs, septima fīnis erit;
sufficit in nōnam nitidīs octāva palaestrīs;   5
  imperat exstrūctōs frangere nōna torōs:
hōra libellōrum decima est, Euphēme, meōrum,
  temperat ambrosiās cum tua cūra dapēs,
et bonus aetheriō laxātur nectare Caesar
  ingentīque tenet pōcula parca manū.   10
tunc admitte iocōs: gressū timet īre licentī
  ad mātūtīnum nostra Thalīa Iovem.

Martial

rūstica: rūsticus country
urbāna: urbānus town
altera: alter *here* = the second
conterit: conterere wear out
prīma atque altera hōra salūtantēs
  conterit
exercet: exercēre *here* = keep busy
raucōs: raucus hoarse
causidicōs: causidicus, m. lawyer
tertia (hōra) causidicōs raucōs exercet
in quīntam (hōram) to the end of the
  fifth hour
variōs: varius various
extendit: extendere continue
Rōma variōs labōrēs in quīntam
  (hōram) extendit
quiēs, f. *here* = siesta
lassīs: lassus tired
fīnis, m. end (*here* of work)
sexta (hōra erit) quiēs lassīs
  (hominibus), septima (hōra)
  fīnis erit
5 sufficit: sufficere be sufficient, *here* =
  give enough time for
in nōnam (hōram) up to the start of
  the ninth hour
nitidīs: nitidus shining, *here* =
  shining with oil
palaestrīs: palaestra, f. exercise-
  ground
octāva (hōra) in nōnam (hōram)
  sufficit nitidīs palaestrīs
exstrūctōs: exstruere *here* = pile high
  with cushions
frangere *here* = rumple
torōs: torus, m. couch
nōna (hōra) imperat (hominibus)
  frangere exstrūctōs torōs

libellōrum: libellus, m. little book
Euphēme: Euphēmus, m. Euphemus,
  supervisor of the Emperor
  Domitian's dinners
libellōrum...meōrum
temperat: temperāre organise, oversee
ambrosiās: ambrosius ambrosial,
  divine
cūra, f. *here* = careful hand
dapēs: daps, f. feast
cum tua cūra dapēs ambrosiās
  temperat
aetheriō: aetherius heavenly
laxātur: laxāre relax
nectare: nectar, n. nectar
Caesar, m. the Emperor, *here* =
  Domitian
bonus Caesar aetheriō nectare laxātur
10 parca: parcus sparing, moderate
tenet parca pōcula manū ingentī
tunc then
admitte: admittere introduce
iocōs: iocus, m. *here* = witty poem
gressū: gressus, m. step
licentī: licēns cheeky
mātūtīnum: mātūtīnus in the morning
nostra: noster *here* = my
Thalīa, f. Thalia, the Muse of comedy,
  regarded by Martial as his source
  of inspiration
Iovem: Iuppiter, m. Jupiter
nostra Thalīa timet īre licentī gressū
  ad mātūtīnum Iovem my Thalia is
  scared to approach Jupiter in the
  morning with her cheeky walk, *lit.*
  my Thalia is afraid to go with
  cheeky step to Jupiter in the
  morning

The sights, sounds and seasons of the countryside

aspice curvātōs pōmōrum pondere rāmōs,
   ut sua, quod peperit, vix ferat arbor onus.
aspice lābentēs iūcundō murmure rīvōs:
   aspice tondentēs fertile grāmen ovēs.
ecce petunt rūpēs praeruptaque saxa capellae: 5
   iam referent haedīs ūbera plēna suīs.
pāstor inaequālī modulātur harundine carmen,
   nec dēsunt comitēs, sēdula turba, canēs.
parte sonant aliā silvae mūgītibus altae,
   et queritur vitulum māter abesse suum.   10
pōma dat autumnus: fōrmōsa est messibus aestās;
   vēr praebet flōrēs; igne levātur hiems.
temporibus certīs mātūram rūsticus ūvam
   dēligit, et nūdō sub pede musta fluunt.

Ovid

The four seasons appear at the corners of this mosaic floor

aspice: aspicere look at
curvātōs: curvāre bend
pōmōrum: pōmum, n. apple
pondere: pondus, n. weight
rāmōs: rāmus, m. branch
peperit: parere produce
arbor, f. tree
onus, n. load
ut sua arbor onus, quod peperit,
  vix ferat with the result that
  each tree can scarcely carry the
  load which it has produced
lābentēs: lābī glide
iūcundō: iūcundus pleasant
murmure: murmur, n. murmur
rīvōs: rīvus, m. stream
lābentēs...rīvōs
tondentēs: tondēre graze
fertile: fertilis fertile, *here* = lush
grāmen, n. grass
ovēs: ovis, f. sheep
tondentēs...ovēs
5 rūpēs: rūpes, f. cliff, crag
praerupta: praeruptus steep
capellae: capella, f. she-goat
capellae rūpēs saxaque praerupta
  petunt
iam *here* = any moment now
haedīs: haedus, m. kid
ūbera: ūber, n. udder
(capellae) haedīs suīs ūbera plēna
  referent
pāstor, m. shepherd
inaequālī: inaequālis unequal, *here* =
  of unequal length
modulātur: modulārī play

harundine: harundō, f. reed
inaequālī...harundine (on a pipe) with
  reeds of unequal length
nec and...not
dēsunt: dēesse be missing (from the
  scene)
sēdula: sēdulus busy
nec canēs comitēs dēsunt and dogs
  are there too, as companions, *lit.*
  and canine companions are not
  missing
parte: pars, f. *here* = place, direction
sonant: sonāre resound
parte...aliā
mūgītibus: mūgītus, m. mooing
silvae altae mūgītibus sonant
10 queritur: querī complain
vitulum: vitulus, m. calf
māter queritur vitulum suum abesse
autumnus, m. autumn
fōrmōsa: fōrmōsus beautiful
messibus: messis, f. harvest
aestās, f. summer
aestās fōrmōsa est
vēr, n. spring
igne: ignis, m. fire
levātur: levāre lighten, *here* = relieve
certīs: certus fixed
mātūram: mātūrus ripe
rūsticus, m. country man, peasant
ūvam: ūva, f. grape
mātūram...ūvam
dēligit: dēligere gather
nūdō: nūdus naked, bare
sub pede nūdō
musta: mustum, n. new wine

Thoughts of home

nec tū crēdiderīs urbānae commoda vītae
    quaerere Nāsōnem, quaerit et illa tamen.
nam modo vōs animō, dulcēs, reminīscor, amīcī,
    nunc mihi cum cārā coniuge nāta subit;
āque domō rūrsus pulchrae loca vertor ad Urbis,   5
    cūnctaque mēns oculīs pervidet ūsa suīs.
nunc fora, nunc aedēs, nunc marmore tēcta theātra,
    nunc subit aequātā porticus omnis humō.
grāmina nunc Campī pulchrōs spectantis in hortōs,
    stāgnaque et eurīpī Virgineusque liquor.   10

Ovid

nec tū crēdiderīs you should not
believe
urbānae: urbānus of the city
commoda: commodum, n. benefit
quaerere *here* = miss
Nāsōnem: Nāsō, m. Publius Ovidius
Naso
*nec tū crēdiderīs Nāsōnem commoda
vītae urbānae quaerere*
(Nāsō) tamen et illa quaerit but he
does miss them
modo...nunc at one time...at another
time
reminīscor: reminīscī recall
vōs, dulcēs amīcī, animō reminīscor
coniuge: coniūnx, f. wife
nāta, f. daughter
subit: subīre go under, *here* = come
to mind
nāta mihi subit
5 **loca, n.pl.** places
vertor: vertī turn
Urbis: Urbs, f. Rome
ad loca Urbis pulchrae
cūncta: cūnctus all
mēns, f. mind
pervidet: pervidēre survey
ūsa: ūtī + ablative use

mēns oculīs suīs ūsa cūncta pervidet
my mind, using its own eyes,
surveys everything
aedēs: aedēs, f. temple
marmore: marmor, n. marble
tēcta: tegere cover
theātra: theātrum, n. theatre
theātra marmore tēcta
aequātā: aequāre make level
porticus, f. colonnade
humō: humus, f. ground
aequātā...humō
*porticus omnis humō aequātā (mihi)
subit*
grāmina: grāmen, n. grass
Campī: Campus, m. Campus Martius,
a recreational open space west of
the River Tiber
*grāmina Campī spectantis in pulchrōs
hortōs (subeunt)* the grass of the
Campus Martius which faces
pretty gardens (comes to mind)
10 **stāgna: stāgnum, n.** pool
eurīpī: eurīpus, m. canal
Virgineus of the Aqua Virgo, an
aqueduct in Rome
liquor, m. water

A country spring

ō fōns Bandusiae, splendidior vitrō,
dulcī digne merō nōn sine flōribus,
     crās dōnāberis haedō,
          cui frōns turgida cornibus

prīmīs et venerem et proelia dēstinat.   5
frūstrā: nam gelidōs īnficiet tibi
     rubrō sanguine rīvōs
          lascīvī subolēs gregis.

tē flāgrantis atrōx hōra Canīculae
nescit tangere, tū frīgus amābile   10
     fessīs vōmere taurīs
          praebēs et pecorī vagō.

fiēs nōbilium tū quoque fontium,
mē dīcente cavīs impositam īlicem
     saxīs, unde loquācēs   15
          lymphae dēsiliunt tuae.

                                        Horace

The spring
of Bandusia

ō O
Bandusiae: Bandusia, f. Bandusia
splendidior: splendidus brilliant
vitrō: vitrum, n. glass
digne: dignus + ablative worthy of
merō: merum, n. wine
ō fōns...digne dulcī merō
nōn sine flōribus and flowers, too
   lit. not without flowers
dōnāberis: dōnāre present
haedō: haedus, m. kid
frōns, f. forehead
cui frōns whose forehead, lit. to
   whom the forehead
turgida: turgidus swollen
cornibus: cornū, n. horn
5 prīmīs: prīmus here = newly growing
venerem: venus, f. love
proelia: proelium, n. battle
dēstinat: dēstināre predict
gelidōs: gelidus cold, cool
īnficiet: īnficere tinge, stain
rubrō: ruber red
rīvōs: rīvus, m. stream
gelidōs...tibi...rīvōs your cold
   streams
lascīvī: lascīvus playful
subolēs, f. offspring
gregis: grex, m. flock
nam subolēs gregis lascīvī rīvōs
   gelidōs sanguine rubrō tibi
   īnficiet
flāgrantis: flāgrāre blaze

atrōx fierce, cruel
atrōx hōra the cruel hour, i.e. midday
Canīculae: Canīcula, f. the Dog Star
flāgrantis...Canīculae
10 nescit: nescīre here = not know how
   to, be unable to
tangere touch
atrōx hōra flāgrantis Canīculae tē
   tangere nescit
frīgus, n. coolness
amābile: amābilis lovable, here =
   welcome
vōmere: vōmer, m. ploughshare
taurīs: taurus, m. ox, bull
pecorī: pecus, n. flock
vagō: vagus wandering
tū taurīs vōmere fessīs et pecorī vagō
   frīgus amābile praebēs
fīēs: fierī become
tū quoque fontium nōbilium fīēs you
   too will become one of the famous
   springs
dīcente: dīcere here = tell of
cavīs: cavus hollowed-out
īlicem: īlex, f. holm-oak
mē dīcente īlicem impositam saxīs
   cavīs
15 loquācēs: loquāx talkative, here =
   babbling, chattering
lymphae: lympha, f. water
dēsiliunt: dēsilīre tumble down
unde lymphae loquācēs tuae
   dēsiliunt

The town mouse and the country mouse

ōlim
rūsticus urbānum mūrem mūs paupere fertur
accēpisse cavō, veterem vetus hospes amīcum,
asper et attentus quaesītīs, ut tamen artum
solveret hospitiīs animum. quid multa? neque ille   5
sēpositī ciceris nec longae invīdit avēnae,
āridum et ōre ferēns acinum sēmēsaque lardī
frusta dedit, cupiēns variā fastīdia cēnā
vincere tangentis male singula dente superbō,
cum pater ipse domūs paleā porrēctus in hornā   10
ēsset ador loliumque, dapis meliōra relinquēns.
tandem urbānus ad hunc 'quid tē iuvat' inquit 'amīce,

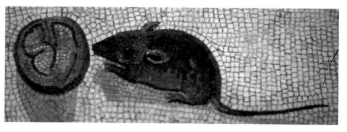

Mouse and walnut

mūrem: mūs, m. mouse
fertur: ferre say, relate
accēpisse: accipere *here* = entertain
cavō: cavus, m. mouse-hole
rūsticus mūs fertur accēpisse
    urbānum mūrem (in) paupere
    cavō
veterem: vetus old
hospes, m. *here* = host
vetus hospes (fertur accēpisse)
    veterem amīcum
asper rough, *here* = rough type
attentus + dative careful with
rūsticus mūs...asper et attentus
quaesītīs: quaesīta, n.pl. stores
ut *here* = even if, although
artum: artus thrifty
5 solveret: solvere relax
hospitiīs: hospitium, n. hospitality
artum...animum thriftiness
ut tamen artum animum hospitiīs
    solveret although, however, he
    did relax his thriftiness when
    entertaining
quid multa? in short
neque...nec neither...nor
sēpositī: sēpōnere put aside, store up
ciceris: cicer, n. chick-pea
invīdit: invidēre + genitive begrudge
avēnae: avēna, f. oats
neque ille (eī) sēpositī ciceris nec
    longae avēnae invīdit and he
    begrudged (him) neither the
    chick-peas he had stored up nor
    the long oats
āridum: āridus dry
ōre: ōs, n. mouth

acinum: acinus, m. grape
āridum...acinum raisin
et ōre ferēns āridum acinum
sēmēsa: sēmēsus half-eaten
lardī: lardum, n. bacon
frusta: frustum, n. scrap
sēmēsa...frusta
variā: varius varied
fastīdia: fastīdium, n. choosiness,
    fussiness
cupiēns variā cēnā fastīdia vincere
tangentis: tangere touch
male badly, *here* = barely
singula: singulus individual
singula individual items
dente: dēns, m. tooth
fastīdia...(amīcī) male tangentis
    singula dente superbō the
    choosiness (of his friend) who
    barely touched the individual
    items with his haughty teeth
10 cum *here* = while
paleā: palea, f. chaff
porrēctus: porrigere stretch out
hornā: hornus this year's
in paleā hornā
ēsset = ederet: edere eat
ador, n. grain
lolium, n. grass, weed
dapis: daps, f. meal, feast
meliōra better parts
quid? why?
iuvat: iuvāre (impersonal verb) please
quid tē iuvat? why do you like? *lit.*
    why does it please you?
urbānus (mūs) ad hunc (mūrem)
    inquit

praeruptī nemoris patientem vīvere dorsō?
vīs tū hominēs urbemque ferīs praepōnere silvīs?
carpe viam, mihi crēde, comes; terrestria quandō   15
mortālēs animās vīvunt sortīta, neque ūlla est
aut magnō aut parvō lētī fuga: quō, bone, circā,
dum licet, in rēbus iūcundīs vīve beātus;
vīve memor, quam sīs aevī brevis.' haec ubi dicta
agrestem pepulēre, domō levis exsilit; inde   20
ambō prōpositum peragunt iter, urbis aventēs
moenia nocturnī subrēpere. iamque tenēbat
nox medium caelī spatium, cum pōnit uterque
in locuplēte domō vestīgia, rubrō ubi coccō
tīncta super lectōs candēret vestis eburnōs,   25

praeruptī: praeruptus steep
nemoris: nemus, n. wood
patientem: patiēns uncomplaining,
 patient(ly)
dorsō: dorsum, n. back, *here* =
 summit, ridge
quid iuvat...tē patientem (in) dorsō
 praeruptī nemoris vīvere
vīs tū...? Wouldn't you like...?
ferīs: ferus wild
praepōnere + accusative + dative
 prefer (one thing) to (another)
15 carpe: carpere pick, *here* = set out on
carpe viam...comes travel as my
 companion
terrestria: terrestris earthly
terrestria (animālia) earthly creatures
quandō since
mortālēs: mortālis mortal
animās: anima, f. soul
sortīta: sortītus having been allotted
quandō terrestria (animālia) vīvunt
 sortīta mortālēs animās
ūlla: ūllus any
aut...aut either...or
lētī: lētum, n. death
neque est ūlla fuga lētī aut magnō
 aut parvō and there is not any
 escape from death for either great
 or small
quō...circā = quōcircā for this reason
bone old chap, chum, mate
licet: licēre (impersonal verb) be
 allowed, be possible
dum licet while it is possible
iūcundīs: iūcundus pleasant
beātus happy
memor remembering
aevī: aevum, n. life

quam brevis aevī sīs how short-lived
 you are, *lit.* of how short a life you
 are
dicta: dictum, n. word
20 agrestem: agrestis country
agrestem (mūrem)
pepulēre = pepulērunt: pellere
 impress
levis light, *here* = nimbly
exsilit: exsilīre jump out of
inde then
prōpositum: prōpōnere propose
peragunt: peragere carry out
prōpositum...iter
aventēs: avēre be eager
moenia, n.pl. walls
nocturnī: nocturnus nocturnal, by
 night
subrēpere creep under
aventēs nocturnī moenia urbis
 subrēpere
spatium, n. space
iamque nox tenēbat medium spatium
 caelī and now it was midnight, *lit.*
 and now night was holding the
 middle space of the sky
uterque each of them
locuplēte: locuples wealthy
vestīgia: vestīgium, n. foot-print, track
vestīgia pōnit set foot, set his paws
rubrō: ruber red, *here* = bright
coccō: coccum, n. scarlet
25 tīncta: tingere dye
super + accusative on top of
candēret: candēre gleam
vestis, f. covering, coverlet
eburnōs: eburnus made of ivory
ubi vestis, rubrō coccō tīncta, super
 lectōs eburnōs candēret

multaque dē magnā superessent fercula cēnā,
quae procul exstrūctīs inerant hesterna canistrīs.
ergō ubi purpureā porrēctum in veste locāvit
agrestem, velutī succīnctus cursitat hospes
continuatque dapēs nec nōn vernīliter ipsīs   30
fungitur officiīs, praelambēns omne quod affert.
ille cubāns gaudet mūtātā sorte bonīsque
rēbus agit laetum convīvam, cum subitō ingēns
valvārum strepitus lectīs excussit utrumque.
currere per tōtum pavidī conclāve, magisque   35
exanimēs trepidāre, simul domus alta Molossīs
personuit canibus. tum rūsticus 'haud mihi vītā
est opus hāc' ait et 'valeās: mē silva cavusque
tūtus ab īnsidiīs tenuī sōlābitur ervō.'

Horace

Hunting dog

superessent: superesse *here* = be left
over
fercula: ferculum, n. dish of food
multaque fercula dē magnā cēnā
superessent
procul *here* = not too far off
exstrūctis: exstruere *here* = heap
inerant: inesse be in
hesterna: hesternus yesterday's
canistrīs: canistrum, n. basket
fercula...quae hesterna procul
inerant exstrūctīs canistrīs
yesterday's dishes which were
in heaped baskets close by, *lit.*
dishes which left over from
yesterday were not too far off in
heaped baskets
ergō therefore
purpureā: purpureus purple, red
locāvit: locāre place
ubi (urbānus mūs) agrestem
(mūrem) porrēctum in purpureā
veste locāvit
velutī like
succīnctus: succingere tuck up clothes
(servus) succīnctus a slave with
clothes tucked up
cursitat: cursitāre run about
30 **continuat: continuāre** keep supplying
nec nōn and also, and indeed, *lit.* and
not not
vernīliter slavishly, like a slave
fungitur: fungī + ablative perform
fungitur ipsīs officiīs performs every
single duty, *lit.* performs the
duties themselves
praelambēns: praelambere taste in
advance

affert: afferre bring
ille i.e. the country mouse
cubāns: cubāre recline
mūtātā: mūtāre change
sorte: sors, f. lot, luck
agit: agere play the part of
convīvam: convīva, m. guest
valvārum: valvae, f.pl. door
excussit: excutere shake off
ingēns strepitus valvārum utrumque
lectīs excussit
35 **pavidī: pavidus** terrified
conclāve, n. room
per tōtum conclāve
magis more
exanimēs: exanimis petrified
trepidāre be alarmed
magis...trepidāre they were the more
alarmed
simul = simulac as soon as
Molossīs: Molossus Molossian
personuit: personāre resound
Molossīs...canibus
est opus: opus esse (impersonal verb)
+ dative + ablative be a need (for
someone) (of something)
haud mihi opus est hāc vītā I don't
need this (type of) life
ait says
rūsticus...ait
valeās farewell, goodbye
tenuī: tenuis thin, *here* = meagre
sōlābitur: sōlārī console, cheer up
ervō: ervum, n. vetch (a kind of pea
plant)
silva cavusque tūtus ab īnsidiīs mē
tenuī ervō sōlābitur

dē cultū deōrum et vītā hominum

A country festival

Faune, Nymphārum fugientum amātor,
per meōs fīnēs et aprīca rūra
lēnis incēdās abeāsque parvīs
   aequus alumnīs,

sī tener plēnō cadit haedus annō,   5
larga nec dēsunt Veneris sodālī
vīna crātērae, vetus āra multō
   fūmat odōre.

lūdit herbōsō pecus omne campō,
cum tibī Nōnae redeunt Decembrēs;   10
fēstus in prātīs vacat ōtiōsō
   cum bove pāgus;

inter audācēs lupus errat agnōs;
spargit agrestēs tibi silva frondēs;
gaudet invīsam pepulisse fossor   15
   ter pede terram.

                                Horace

cultū: cultus, m. worship
Faune: Faunus, m. Faunus, a country
  god
Nymphārum: Nympha, f. Nymph, a
  young goddess of streams, woods
  and mountains
fugientum = fugientium
amātor, m. lover
fīnēs, m.pl. land, boundaries
aprīca: aprīcus sunny
rūra: rūs, n. country, *here* = countryside, fields
lēnis gentle
incēdās: incēdere *here* = pass
aequus kindly
alumnīs: alumnus, m. offspring
incēdās lēnis per meōs fīnēs et
  aprīca rūra abeāsque aequus
  parvīs alumnīs please pass gently
  over my lands and sunny fields
  and leave with a blessing on the
  little offspring, *lit.* may you pass
  gentle through my lands and
  sunny fields and may you leave
  kindly to the small offspring
5 **sī** *here* = seeing that, since
tener young
cadit: cadere *here* = fall in sacrifice
haedus, m. kid
plēnō...annō at the year's end, *lit.*
  with the year full
sī tener haedus plēnō annō cadit
larga: largus generous
nec and...not
dēsunt: dēesse + **dative** be missing
  from
Veneris: Venus, f. Venus
sodālī: sodālis, m. or f. companion
crātērae: crātēra, f. mixing bowl for
  wine
nec larga vīna dēsunt crātērae, sodālī
  Veneris and the mixing bowl,

Venus' companion, has plenty of
  wine, *lit.* and generous wines are
  not missing to the mixing bowl,
  Venus' companion
vetus old
fūmat: fūmāre smoke
odōre: odor, m. smell
multō...odōre with its rich smell
sī...cadit...dēsunt...fūmat
lūdit: lūdere play
herbōsō: herbōsus grassy
pecus, n. herd, flock
campō: campus, m. field
omne pecus herbōsō campō lūdit
10 **tibī** in your honour
Nōnae...Decembrēs, f.pl. the Nones,
  (5th) of December
redeunt: redīre *here* = come round
  again
fēstus *here* = on holiday
prātīs: prātum, n. meadow
vacat: vacāre be off work, relax
bove: bōs, m. ox
pāgus, m. village
fēstus pāgus in prātīs cum ōtiōsō bove
  vacat
lupus, m. wolf
errat: errāre wander
agnōs: agnus, m. lamb
lupus inter audācēs agnōs errat
spargit: spargere scatter
agrestēs: agrestis rustic
frondēs: frōns, f. leaf
silva tibi agrestēs frondēs spargit
15 **invīsam: invīsus** hateful
pepulisse: pellere beat, pound
fossor, m. digger, labourer
ter three times
fossor invīsam terram ter pede
  pepulisse gaudet

Recipe for happiness

vītam quae faciunt beātiōrem,
iūcundissime Mārtiālis, haec sunt;
rēs nōn parta labōre sed relicta;
nōn ingrātus ager, focus perennis;
līs numquam, toga rāra, mēns quiēta;   5
vīrēs ingenuae, salūbre corpus,
prūdēns simplicitās, parēs amīcī,
convīctus facilis, sine arte mēnsa;
nox nōn ēbria sed solūta cūrīs,
nōn trīstis torus et tamen pudīcus: 10
somnus quī faciat brevēs tenebrās;
quod sīs esse velīs nihilque mālīs;
summum nec metuās diem nec optēs.

Martial

An outdoor dining room, Pompeii

beātiōrem: beātus happy
iūcundissime: iūcundus pleasant,
  here = dear old
Mārtiālis, m. Martial, a friend of the
  poet of the same name
haec sunt quae vītam beātiōrem
  faciunt
rēs, f. *here* = wealth, money
parta: parere produce, acquire
relicta: relinquere *here* = bequeath
ingrātus unpleasing, *here* =
  unproductive
ager, m. field, *here* = land
focus, m. hearth
perennis perpetual, ever-burning
5 **līs, f.** lawsuit
toga, f. toga
rāra: rārus rare, *here* = seldom seen
mēns, f. mind
quiēta: quiētus untroubled
vīrēs, f.pl. strength

ingenuae: ingenuus of a free-born man
salūbre: salūbris healthy
prūdēns sensible
simplicitās, f. openness, plain-
  speaking
parēs: pār equal, *here* = like-minded
convīctus, m. social life
facilis *here* = easy-going
sine arte mēnsa a table simply spread
ēbria: ēbrius drunken
solūta: solvere *here* = free from
10 **nōn trīstis** pleasurable indeed
torus, m. bed, marriage-bed
pudīcus chaste, faithful
somnus, m. sleep
summum: summus *here* = final
nec...nec neither...nor
metuās: metuere fear
optēs: optāre wish for, long for
nec metuās summum diem nec optēs
  (summum diem)

Spring and thoughts of mortality

diffūgēre nivēs, redeunt iam grāmina campīs
   arboribusque comae;
mūtat terra vicēs, et dēcrēscentia rīpās
   flūmina praetereunt;
Grātia cum Nymphīs geminīsque sorōribus audet   5
   dūcere nūda chorōs.
immortālia nē spērēs, monet annus et almum
   quae rapit hōra diem:
frīgora mītēscunt Zephyrīs, vēr prōterit aestās
   interitūra simul   10
pōmifer autumnus frūgēs effūderit, et mox
   brūma recurrit iners.
damna tamen celerēs reparant caelestia lūnae:
   nōs ubi dēcidimus
quō pater Aenēās, quō Tullus dīves et Ancus,   15
   pulvis et umbra sumus.

Summer

diffūgēre = diffūgērunt: **diffugere**
disperse, disappear
nivēs: **nix, f.** snow
nivēs diffūgēre
grāmina: **grāmen, n.** grass
campīs: **campus, m.** field
grāmina iam redeunt campīs
arboribus: **arbor, f.** tree
comae: **coma, f.** leaf, foliage
comae (redeunt) arboribus
mūtat: **mūtāre** change
vicēs, **f.pl.** changes, *here* = seasons
terra mūtat vicēs
dēcrēscentia: **dēcrēscere** decrease,
here = grow smaller, subside
dēcrēscentia...flūmina
praetereunt: **praeterīre** *here* = flow
between
5 **Grātia, f.** a Grace, one of three
goddesses who personify grace
and loveliness
Nymphīs: **Nympha, f.** Nymph, a
young goddess of streams,
woods and mountains
nūda: **nūdus** naked
chorōs: **chorus, m.** dancing
Grātia...nūda audet dūcere chorōs
immortālia, **n.pl.** immortality
nē that...not, not to
annus monet nē immortālia spērēs
almum: **almus** life-giving
hōra, **f.** *here* = passage of time
et hōra, quae almum diem rapit,
(monet nē...)
frīgora: **frīgus, n.** cold
mītēscunt: **mītēscere** become mild,
be lessened

Zephyrīs: **Zephyrus, m.** Zephyr, west
wind
vēr, **n.** spring
prōterit: **prōterere** trample on
aestās, **f.** summer
aestās prōterit vēr
10 interitūra: **interīre** perish
aestās interitūra summer which will
perish, *lit.* summer going to perish
simul = **simulac**
pōmifer fruitful
autumnus, **m.** autumn
frūgēs, **f.pl.** fruits, produce
effūderit: **effundere** pour out
brūma, **f.** winter
recurrit: **recurrere** return
iners lifeless
brūma...iners
damna: **damnum, n.** loss
celerēs: **celer** quick, quickly-passing
reparant: **reparāre** recover, make up
caelestia: **caelestis** in the sky
lūnae: **lūna, f.** *here* = month
lūnae tamen celerēs caelestia damna
reparant
15 quō to the place where
Aenēās, m. Aeneas, legendary
founder of Rome
Tullus, m. Tullus Hostilius, third king
of Rome
Ancus, m. Ancus Martius, fourth king
of Rome
quō...Aenēās...Tullus...et Ancus
(dēcidērunt)
pulvis, **m.** dust
nōs...pulvis et umbra sumus

quis scit an adiciant hodiernae crāstina summae
   tempora dī superī?
cūncta manūs avidās fugient hērēdis, amīcō
   quae dederīs animō.   20
cum semel occiderīs et dē tē splendida Mīnōs
   fēcerit arbitria,
nōn, Torquāte, genus, nōn tē fācundia, nōn tē
   restituet pietās;
īnfernīs neque enim tenebrīs Diāna pudīcum   25
   līberat Hippolytum,
nec Lēthaea valet Thēseus abrumpere cārō
   vincula Pīrithoō.

Horace

Winter

an *here* = whether
adiciant: adicere throw to, *here* =
 add
hodiernae: hodiernus today's
crāstina: crāstinus tomorrow's
summae: summa, f. total
superī: superus above
quis scit an dī superī adiciant
 crāstina tempora hodiernae
 summae? who knows whether
 the gods above are adding
 tomorrow's hours to today's
 total?
cūncta, n.pl. everything
avidās: avidus greedy
amīcō...animō your own dear self
cūncta, quae amīcō animō dederis,
 avidās manūs hērēdis fugient
21 semel once, once for all
occideris: occidere die
splendida: splendidus stately,
 illustrious
Mīnōs, m. Minos, one of the judges
 of the dead
arbitria: arbitrium, n. judgement
cum...Mīnōs dē tē splendida
 arbitria fēcerit
Torquāte: Torquātus, m. Torquatus,
 a friend of Horace
genus, n. family, noble birth
fācundia, f. eloquence

restituet: restituere restore, bring back
pietās, f. sense of duty, piety
nōn...genus (tē restituet), nōn
 fācundia tē (restituet), nōn pietās tē
 restituet
25 īnfernīs: īnfernus of the Underworld
neque...nec neither...nor
Diāna, f. Diana, goddess of hunting,
 renowned for her chastity
pudīcum: pudīcus chaste, pure
Hippolytum: Hippolytus, m.
 Hippolytus, a worshipper of
 Diana
neque enim Diāna pudīcum
 Hippolytum īnfernīs tenebrīs
 līberat
Lēthaea: Lēthaeus of Lethe, a river of
 the Underworld whose waters
 made people forget
valet: valēre have the power
Thēseus, m. Theseus, a hero who,
 along with Pirithous, tried to
 abduct Proserpina, Queen of the
 Underworld. They were captured
 and Theseus but not Pirithous was
 rescued by Hercules
abrumpere + ablative break off...from
vincula: vinculum, n. chain
Pīrithoō: Pīrithous, m. Pirithous,
 friend of Theseus
nec Thēseus Lēthaea vincula cārō
 Pīrithoō abrumpere valet

Elysium

dēvēnēre locōs laetōs et amoena virecta
fortūnātōrum nemorum sēdēsque beātās.
largior hīc campōs aethēr et lūmine vestit
purpureō, sōlemque suum, sua sīdera nōrunt.
pars in grāmineīs exercent membra palaestrīs,   5
contendunt lūdō et fulvā luctantur harēnā;
pars pedibus plaudunt choreās et carmina dīcunt.
hīc genus antīquum Teucrī, pulcherrima prōlēs,
magnanimī hērōes, nātī meliōribus annīs.
stant terrā dēfīxae hastae passimque solūtī   10
per campum pāscuntur equī. quae grātia currum
armōrumque fuit vīvīs, quae cūra nitentēs
pāscere equōs, eadem sequitur tellūre repostōs.

Elysium: Elysiī, n. Elysium, the home
of the Blessed in the Underworld
dēvēnēre = dēvēnērunt: dēvenīre
reach
amoena: amoenus pleasant
virecta, n.pl. lawns
fortūnātōrum: fortūnātus blessed
nemorum: nemus, n. grove
sēdēs: sēdēs, f. *here* = home, abode
beātās: beātus happy
largior: largus generous
campōs: campus, m. field, plain
aethēr, m. ether, the air of heaven
lūmine: lūmen, n. light
vestit: vestīre clothe
purpureō: purpureus purple, *here* =
brilliant
hīc aethēr largior et purpureō
lūmine vestit campōs here a
more generous air clothes the
plains with brilliant light
sīdera: sīdus, n. star
nōrunt = nōvērunt: nōvisse know,
experience
5 **pars...pars** some...others
grāmineīs: grāmineus grassy
membra: membrum, n. limb, *here* =
body
palaestrīs: palaestra, f. exercise-
ground
in grāmineīs...palaestrīs
contendunt: contendere *here* =
compete
fulvā: fulvus yellow
luctantur: luctārī wrestle
harēnā: harēna, f. sand
fulvā...harēnā
plaudunt: plaudere *here* = beat out
(the rhythm of)

choreās: chorea, f. dance
pars...exercent...contendunt...
luctantur; pars...plaudunt...dīcunt
genus, n. race
Teucrī: Teucer, m. Teucer, early king
of Troy
hīc (est) genus antīquum Teucrī
prōlēs, f. offspring, descendants
magnanimī: magnanimus brave-
hearted
hērōes: hērōs, m. hero
10 **dēfīxae: dēfīgere** fix
hastae stant terrā dēfīxae
passim here and there
solūtī: solvere *here* = let loose
pāscuntur: pāscī graze
equī solūtī per campum passim
pāscuntur
grātia, f. gratitude, favour, *here* =
pleasure
currum = curruum: currus, m. chariot
armōrum: arma, n.pl. weapons
cūra, f. *here* = interest, concern
nitentēs: nitēns glossy, sleek
pāscere feed
tellūre: tellūs, f. ground
repostōs = repositōs: repōnere lay to
rest
grātia currum armōrumque quae fuit
(eīs) vīvīs, cūra quae (fuit eīs vīvīs)
pāscere nitentēs equōs, eadem
(cūra) sequitur (eōs) repostōs
tellūre the pleasure in their
chariots and weapons which was
(theirs) while alive, the care which
(was theirs while alive) to feed
their glossy horses, the same (care)
follows (them) now they are laid to
rest in the ground

hīc manus ob patriam pugnandō vulnera passī,
quīque sacerdōtēs castī, dum vīta manēbat,   15
quīque piī vātēs et Phoebō digna locūtī,
inventās aut quī vītam excoluēre per artēs,
quīque suī memorēs aliquōs fēcēre merendō:
omnibus hīs niveā cinguntur tempora vittā.

Virgil

Live now!

nōn est, crēde mihī, sapientis dīcere 'vīvam';
    sēra nimis vīta est crāstina: vīve hodiē!

Martial

The only form of immortality

carmina sōla carent fātō mortemque repellunt.
    carminibus vīvēs semper, Homēre, tuīs.

Seneca

hīc (est) manus
ob + accusative on behalf of
patriam: patria, f. fatherland
manus...passī
15 **quīque = et eī quī (erant)**
castī: castus holy
piī: pius dutiful, devout
vātēs: vătēs, m. prophet
Phoebō: Phoebus, m. Phoebus Apollo,
  god of prophecy
digna: dignus + ablative worthy of
locūtī (sunt)
aut or
excoluēre = excoluērunt: excolere
  enrich
artēs: ars, f. *here* = skill
aut (eī) quī excoluēre vītam per
  inventās artēs or (those) who
  enriched life by discovering new
  skills, *lit.* through skills discovered

memorēs: memor + genitive remembering
fēcēre = fēcērunt
quīque fēcēre aliquōs memorēs suī
  and those who made some
  remember them
merendō: merērī be of service
niveā: niveus snow-white
cinguntur: cingere encircle, wreathe
tempora: tempus, n. *here* = temple,
  head
vittā: vitta, f. head-band
tempora omnibus hīs cinguntur niveā
  vittā all of these have their temples
  wreathed with a snow-white head-
  band, *lit.* the temples to all of these
  are wreathed with a snow-white
  head-band

nōn est...sapientis it is not typical of a
  wise man
sēra: sērus late

nimis too
crāstina: crāstinus of tomorrow
vīta crāstina est nimis sēra

carmina: carmen, n. poetry
carent: carēre + ablative lack, escape
fātō: fātum, n. fate, death
repellunt: repellere repel, repulse

Homēre: Homērus, m. Homer, Greek
  epic poet
Homēre, vīvēs semper tuīs
  carminibus

The poet's advice to mourners

'iam iam nōn domus accipiet tē laeta neque uxor
optima, nec dulcēs occurrent ōscula nātī
praeripere et tacitā pectus dulcēdine tangent.
nōn poteris factīs flōrentibus esse tuīsque
praesidium. miserō miserē' aiunt 'omnia adēmit   5
ūna diēs īnfesta tibī tot praemia vītae.'
illud in hīs rēbus nōn addunt 'nec tibi eārum
iam dēsīderium rērum super īnsidet ūnā.'
quod bene sī videant animō dictīsque sequantur,
dissolvant animī magnō sē angōre metūque.   10

Lucretius

iam iam nōn no longer now

neque...nec nor...nor

occurrent: occurrere *here* = run up

nātī, m.pl. children

praeripere snatch

iam iam nōn laeta domus tē accipiet
  neque optima uxor (tē accipiet)
  nec dulcēs nātī ōscula praeripere
  occurrent

tacitā: tacitus *here* = beyond words

pectus, n. heart

dulcēdine: dulcēdō, f. sweetness,
  pleasure

tangent: tangere touch

et pectus tacitā dulcēdine tangent

factīs: factum, n. deed, *here* = affairs,
  fortunes

flōrentibus: flōrēre prosper

tuīs: tuī, m.pl. your family

5 praesidium, n. protection

nōn poteris esse praesidium
  flōrentibus factīs tuīsque you will
  not be able to maintain your
  prosperity or your family, *lit.*
  you will not be able to be a
  protection to your prosperous
  affairs and to your family

miserē unhappily

aiunt they say

adēmit: adimere + dative take away
  from

diēs *here* f.

īnfesta: īnfestus hostile, fatal

'ūna īnfesta diēs miserē omnia tot
  praemia vītae miserō tibi adēmit'
  aiunt

illud the following

nec yet...not

dēsīderium, n. longing

super hereafter, any more

īnsidet: īnsidēre remain

tibi...ūnā together with you

nec iam dēsīderium eārum rērum
  super īnsidet tibi ūnā yet you do
  not now have any longing for
  those things, *lit.* yet now a longing
  of those things does not remain
  any more to you together

dictīs: dictum, n. word

quod sī bene videant animō dictīsque
  sequantur if they saw this clearly
  in their minds and spoke as they
  thought, *lit.* if they well saw which
  in their minds and followed it with
  words

10 dissolvant: dissolvere release, free

angōre: angor, m. distress

magnō angōre metūque animī sē
  dissolvant

Germānicus et Pīsō

Nero Claudius Germanicus Caesar, born in 15 BC, was a favourite of the Emperor Augustus, who saw him as a possible heir, if anything happened to his own adopted son and favoured heir, Tiberius. Augustus therefore forced Tiberius to adopt Germanicus. Germanicus commanded the Roman forces on the northern frontier and was popular with the legions and people. According to Tacitus, Tiberius, on becoming emperor, quickly came to hate him and re-called him to Rome. Being unable to dispose of him openly, Tiberius sent him to the East as commander-in-chief of the Roman army there, to settle various problems on the borders of the Roman empire. He also secretly ordered Gnaeus Calpurnius Piso, the governor of Syria, to block all Germanicus' orders and, as many contemporaries believed, to arrange his death.

The following extract begins with the arrival of Germanicus and Piso in the East in AD 18.

Piso in Syria

at Cn. Pīsō, quō celerius cōnsilia inciperet, postquam Syriam ac legiōnēs attigit, largītiōne et ambitū īnfimōs mīlitum iūvābat. cum veterēs centuriōnēs, sevērōs tribūnōs dēmōvisset, locaque eōrum clientibus suīs attribuisset, dēsidiam in castrīs, licentiam in urbibus, lascīvientēs per   5 agrōs mīlitēs sinēbat. nec Plancīna, uxor Pīsōnis, sē gerēbat ut fēminam decēbat, sed exercitiō equitum intererat, et in Agrippīnam, in Germānicum contumēliās iaciēbat. nōta haec Germānicō, sed praevertī ad Armeniōs īnstantior cūra fuit.   10

The Roman world in the reign of Tiberius

Cn. = Gnaeus
quō in order to
attigit: attingere reach
largītiōne: largītiō, f. generous gifts
ambitū: ambitus, m. bribery
īnfimōs: īnfimus lowest, most
   disreputable
iūvābat: iuvāre help
veterēs: vetus senior, long-serving
dēmōvisset: dēmovēre remove, get
   rid of
loca: locus, m. *here* = post, position
attribuisset: attribuere hand over,
   assign
   (cum)que loca attribuisset
5 **dēsidiam: dēsidia, f.** idleness
licentiam: licentia, f. hooliganism
lascīvientēs: lascīvīre run riot,
   rampage

agrōs: agrī, m.pl. countryside
sinēbat: sinere allow
   sinēbat dēsidiam…(et) licentiam…(et)
   mīlitēs lascīvientēs
sē gerēbat: sē gerere conduct oneself,
   behave
exercitiō: exercitium, n. exercises
intererat: interesse + dative attend
Agrippīnam: Agrippīna, f. Agrippina,
   wife of Germanicus
contumēliās: contumēlia, f. insult
nōta: nōtus known
   haec (erant) nōta Germānicō
praevertī attend first
Armeniōs: Armeniī, m.pl. the
   Armenians
īnstantior: īnstāns pressing
   sed īnstantior cūra fuit ad Armeniōs
   praevertī

Germanicus averted a crisis in Armenia by supporting the
people's choice of king; then, in the following year, he
visited Egypt to see the ancient sites. On his return to Syria,
he learnt that all his orders to the legions and cities had been
cancelled or reversed. As a result, he severely reprimanded
Piso, who reproached him with equal bitterness. Soon
Germanicus fell ill, and Piso waited to see how the illness
progressed.

The death of Germanicus

saevam vim morbī augēbat persuāsiō venēnī ā Pīsōne
acceptī; et reperiēbantur solō ac parietibus ērutae
hūmānōrum corporum reliquiae, carmina et dēvōtiōnēs et
nōmen Germānicī plumbeīs tabulīs īnsculptum, cinerēs
sēmustī ac tābō oblitī aliaque malefica quibus crēditur   15
animās nūminibus īnfernīs sacrārī. simul missī ā Pīsōne
incūsābantur quod valētūdinis adversae signa exspectārent.
haec Germānicō haud minus īrā quam per metum accepta
sunt. compōnit epistulam quā amīcitiam eī renūntiābat.

Germānicus paulīsper sē crēdidit convalēscere; deinde   20
fessum fiēbat corpus. ubi fīnis aderat, adstantēs amīcōs ita
adloquitur: 'erit vōbīs occāsiō querendī apud senātum atque
invocandī lēgēs. decet amīcōs nōn prōsequī dēfūnctum

Germanicus, on a coin of his
son, the Emperor Caligula

The head of Germanicus
on a coin of Caligula

11 **vim: vīs, f.** force, virulence
augēbat: augēre increase
persuāsiō, f. belief
reperiēbantur: reperīre find
solō: solum, n. floor
parietibus: pariēs, m. wall
ērutae: ērutus dug up
hūmānōrum: hūmānus human
reliquiae, f.pl. remains
ērutae...reliquiae
carmina: carmen, n. *here* = spell
dēvōtiōnēs: dēvōtiō, f. curse
plumbeīs: plumbeus made of lead
tabulīs: tabula, f. tablet
īnsculptum: īnsculpere inscribe
nōmen...īnsculptum
cinerēs: cinis, m. ash, cremated
remains
15 **sēmustī: sēmustus** half-burned,
charred
tābō: tābum, n. rotten flesh
oblitī: oblinere smear
malefica: maleficum, n. evil object,
piece of black magic
animās: anima, f. soul
**nūminibus īnfernīs: nūmina īnferna,
n.pl.** the gods of the Underworld

sacrārī: sacrāre dedicate, consecrate
simul at the same time
(hominēs) missī
incūsābantur: incūsāre suspect,
blame, accuse
valētūdinis: valētūdō, f. health
adversae: adversus unfavourable, ill
*missī incūsābantur quod exspectārent
signa valētūdinis adversae
haec...accepta sunt*
amīcitiam: amīcitia, f. friendship
renūntiābat: renūntiāre renounce,
break off
20 **convalēscere** get better, recover
fīnis, m. end
adloquitur: adloquī speak to
occāsiō, f. opportunity
querendī: querī complain
apud + accusative *here* = before, in
the presence of
senātum: senātus, m. senate (i.e. in
Rome)
invocandī: invocāre invoke, appeal to
lēgēs: lēx, f. law
prōsequī escort (at a funeral)
dēfūnctum: dēfūnctus, m. the dead
man

ignāvō questū, sed quae voluerit meminisse, quae
mandāverit exsequī. vindicābitis vōs, sī mē potius quam   25
fortūnam meam dīligēbātis.' amīcī, dextram morientis
amplectentēs, iūrāvērunt sē vītam ante quam ultiōnem
āmissūrōs esse.

neque multō post mortuus est, ingentī lūctū prōvinciae
et circumiacentium populōrum. indoluērunt exterae   30
nātiōnēs rēgēsque: tanta fuerat illīus cōmitās in sociōs,
mānsuētūdō in hostēs; propter vultum ēloquentiamque
venerātiōnem omnium adeptus erat. et erant quī illum
magnō Alexandrō ob fōrmam aetātem genus locumque
mortis adaequārent; nam affirmāvērunt utrumque corpore   35
decōrō praeditum, genere īnsignī ortum, vix trīgintā annōs
nātum periisse.

Agrippina, wife of Germanicus

Mourning

at Agrippīna, quamquam dēfessa lūctū et corpore aegrō,
impatiēns tamen erat omnium quae ultiōnem morārentur.
ascendit nāvem cum cineribus Germānicī et līberīs,   40
miserantibus omnibus quod fēmina summā nōbilitāte
pulcherrimōque mātrimōniō, quae venerātiōnem omnium
merēret, tunc fērālēs reliquiās sinū ferret, incerta ultiōnis.

ignāvō: ignāvus *here* = pointless, futile
questū: questus, m. complaint, lamentation
(ea) quae
meminisse remember
25 exsequī carry out
decet amīcōs...nōn prōsequī...sed meminisse...(et) exsequī...
vindicābitis: vindicāre avenge
vindicābitis (mē)
potius rather
fortūnam: fortūna, f. status
dextram: dextra, f. right hand
(virī) morientis
iūrāvērunt: iūrāre swear
ante quam before, rather than
ultiōnem: ultiō, f. revenge
āmissūrōs esse: āmittere lose, abandon, give up
neque multō post and not long afterwards
lūctū: lūctus, m. grief
30 circumiacentium: circumiacēre surround
indoluērunt: indolēscere mourn
exterae: exterus foreign
nātiōnēs: nātiō, f. people

cōmitās, f. friendliness
sociōs: socius, m. ally
mānsuētūdō, f. forgiveness, mercy
propter + accusative because of
ēloquentiam: ēloquentia, f. eloquence
venerātiōnem: venerātiō, f. respect
erant quī there were those who, some people
magnō Alexandrō: magnus Alexander, m. Alexander the Great, whose empire by 323 BC stretched from Greece to India
ob + accusative because of
fōrmam: fōrma, f. appearance
aetātem: aetās, f. age, short life
genus, n. manner
35 adaequārent: adaequāre compare
erant quī...adaequārent
affirmāvērunt: affirmāre declare, assert
utrumque: uterque each one, both
affirmāvērunt utrumque... praeditum...ortum...nātum periisse
decōrō: decōrus *here* = handsome
praeditum: praeditus possessed of, endowed with
genere: genus, n. *here* = family, birth
īnsignī: īnsignis distinguished, noble
ortum: orīrī be descended (from)

impatiēns + genitive impatient of, unable to endure
morārentur: morārī delay
40 ascendit: ascendere *here* = board (ship)
miserantibus: miserārī pity
nōbilitāte: nōbilitās, f. nobility, rank
mātrimōniō: mātrimōnium, n. marriage

mererēt: merēre deserve, earn
tunc then
fērālēs: fērālis funereal, of the dead man
sinū: sinus, m. bosom, arms
omnibus miserantibus quod fēmina...reliquiās...ferret
incerta: incertus uncertain

The death of Germanicus (detail), Nicolas Poussin

Pīsōnem interim apud Coum īnsulam nūntius adsequitur
periisse Germānicum. quō gāvīsus caedit victimās, adit   45
templa. nōn modo Pīsō ipse gaudiō immoderātō sē gerit,
sed etiam magis īnsolēscit Plancīna, quae lūctum mortuā
sorōre tum prīmum in laetum cultum mūtāvit.

    at Rōmae, postquam fāma Germānicī valētūdinis
percrēbuit cūnctaque, ut ex longinquō, aucta in dēterius   50
adferēbantur, dolor, īra, questūs ērumpēbant: ideō nīmīrum
Germānicum in extrēmās terrās relēgātum esse, ideō Pīsōnī
permissam prōvinciam. hōs vulgī sermōnēs mors
Germānicī, ubi nūntiāta est, adeō incendit ut, ante ēdictum
magistrātuum, ante senātūs cōnsultum, sūmptō iūstitiō   55
dēsererentur fora, clauderentur domūs. ubīque silentium
et gemitus. et quamquam īnsignibus lūgentium nōn
abstinēbant, altius animīs maerēbant.

interim meanwhile
apud + accusative *here* = at
Coum: Cous, f. the island of Cos, off
the coast of Turkey
nūntius, m. *here* = message, news
adsequitur: adsequī reach, overtake
nūntius…Pīsōnem…adsequitur
45 **quō gāvīsus** rejoicing at this (news)
victimās: victima, f. victim
(Pīsō) caedit
adit: adīre visit
immoderātō: immodcrātus excessive
magis more
īnsolēscit: īnsolēscere become
arrogant
Plancīna, f. Plancina, wife of Piso
lūctum: lūctus, m. *here* = mourning
clothes
laetum: laetus *here* = cheerful, festive
cultum: cultus, m. clothes
mūtāvit: mūtāre exchange
quae lūctum…mūtāvit
fāma, f. report, rumour
50 **percrēbuit: percrēbēscere** spread
cūncta: cūnctus all
ut *here* = as usually happens
ex longinquō from a distance
aucta in dēterius with pessimistic
exaggeration, *lit.* exaggerated for
the worse
adferēbantur: adferre report
(postquam) cūncta…aucta…
adferēbantur
questūs: questus, m. complaint,
lamentation

ērumpēbant: ērumpere break out
(dīcēbant) ideō…Germānicum…
relēgātum esse (et) prōvinciam…
permissam esse
ideō for that reason, that was the
reason why
nīmīrum doubtless, evidently
extrēmās: extrēmus very remote, far
away
relēgātum esse: relēgāre banish, exile
permissam (esse): permittere give,
entrust
vulgī: vulgus, n. people, ordinary
people
incendit: incendere *here* = aggravate,
inflame
mors Germānicī…hōs vulgī sermōnēs
adeō incendit ut…
ēdictum, n. edict, proclamation
55 **magistrātuum: magistrātus, m.**
magistrate, public official
cōnsultum, n. decree
sūmptō: sūmere take
iūstitiō: iūstitium, n. a break from
legal business
fora: forum, n. *here* = law-court
sermōnēs adeō incendit ut…fora
dēsererentur (et) domūs
clauderentur
gemitus, m. *here* = sorrow, mourning
īnsignibus: īnsignia, n.pl. the outward
signs (e.g. change of clothes)
lūgentium: lūgentēs, m.pl. mourners
abstinēbant: abstinēre refrain from
maerēbant: maerēre mourn, grieve

nāvigātiōne hībernī maris nēquāquam intermissā
Agrippīna Brundisiō appropinquat. interim adventū eius   60
audītō multī amīcī et plūrimī mīlitēs quī sub Germānicō
stīpendia fēcerant ruērunt ad portum. simulac vīsa est
nāvis, complentur nōn sōlum portus sed etiam moenia ac
tēcta turbā maerentium et rogantium inter sē, silentiōne an
vōce aliquā ēgredientem exciperent. nāvis lentē   65
appropinquat, nōn celeriter, ut solet, sed cūnctīs ad trīstitiam
compositīs. postquam duōbus cum līberīs, fērālem urnam
tenēns, ēgressa ē nāve dēfīxit oculōs, īdem fuit omnium
gemitus.

Revenge

*Then everyone returned to work, eager for vengeance on
Piso. Meanwhile Piso and Plancina sailed across to Italy
and made their way cheerfully to Rome, where their house,
which overlooked the forum, was festively decorated. The
banqueting and feasting which followed their return increased the public indignation. The next day Lucius Fulcinius
Trio asked the consuls for permission to prosecute Piso.
Tiberius, aware of the strength of public feeling, referred the
whole matter to the senate.*

diē senātūs Tiberius ōrātiōnem moderātam habuit. 'Pīsō'   70
inquit 'patris meī lēgātus et amīcus erat. eum Germānicō
adiūtōrem mīsī ego cum auctōritāte senātūs ad rēs apud
Orientem administrandās. integrīs animīs est dīiūdicandum
utrum Pīsō contumāciā et certāminibus vexāverit iuvenem
exitūque eius laetātus sit, an scelere eum exstīnxerit. simul   75
reputāte utrum legiōnēs ad sēditiōnem incitāverit.'

nāvigātiōne: nāvigātiō, f. voyage

hībernī maris over the wintry sea,
  lit. of the wintry sea

nēquāquam not at all

intermissā: intermittere interrupt
  nāvigātiōne...intermissā

60 Brundisiō: Brundisium, n.
  Brundisium, modern Brindisi,
  the usual port of arrival from
  the East

stīpendia fēcerant: stīpendia facere
  serve

sōlum only

moenia, n.pl. walls

turbā (hominum) maerentium et
  rogantium

silentiōne an whether in silence or

65 aliquā: aliquī some
  ēgredientem (Agrippīnam)

trīstitiam: trīstitia, f. sadness

cūnctīs ad trīstitiam compositīs with
  all the signs of mourning, *lit.* with
  everything arranged for sadness

urnam: urna, f. urn

dēfīxit: dēfīgere cast down, lower
  *postquam (Agrippīna)...oculōs
  dēfīxit*
  īdem...gemitus

70 ōrātiōnem...habuit: ōrātiōnem
  habēre make a speech

moderātam: moderātus moderate,
  restrained

lēgātus, m. *here* = representative

adiūtōrem: adiūtor, m. assistant

eum...adiūtōrem him as assistant

ad rēs...administrandās to
  administer affairs

Orientem: Oriēns, m. the East

integrīs: integer unbiased, impartial

dīiūdicandum: dīiūdicāre judge,

  determine

contumāciā: contumācia, f. arrogance,
  obstinacy

certāminibus: certāmen, n. *here* =
  rivalry

75 exitū: exitus, m. death

laetātus sit: laetārī rejoice
  *dīiūdicandum est utrum Pīsō...
  vexāverit...(et)...laetātus sit,
  an...exstīnxerit*

reputāte: reputāre consider

sēditiōnem: sēditiō, f. rebellion

deinde biduum crīminibus obiciendīs statuitur utque
post intervallum sex diērum reus per trīduum dēfenderētur.
trēs amīcī Germānicī cōnsimilī studiō obiēcērunt Pīsōnem,
odiō Germānicī et rērum novārum studiō, mīlitēs per   80
licentiam et sociōrum iniūriās corrūpisse; postrēmō ipsum
Germānicum dēvōtiōnibus et venēnō occīdisse. tum et
Pīsōnem et Plancīnam, postquam sacra et immolātiōnēs
nefandās fēcissent, petīvisse armīs rem pūblicam.

défēnsiō in cēterīs crīminibus trepidāvit; nam neque   85
ambitiō mīlitum neque iniūria in prōvinciam, nē contumēliae
quidem adversum imperātōrem, negārī poterant: sōlum
venēnī crīmen potuit Pīsō dīluere. at simul populī ante
cūriam vōcēs audiēbantur: nōn temperātūrōs manibus sī
Pīsō sententiās patrum ēvāsisset.   90

eadem erat Plancīnae invidia. atque ipsa, dum Pīsōnī
spēs erat absolūtiōnis, sociam sē cuiuscumque fortūnae
futūram esse et, sī necesse esset, comitem exitiī prōmittēbat:
sed paulātim sēgregārī ā marītō coepit. quod postquam
Pīsō sibi exitiābile esse intellēxit, dubitāvit an causam dīceret   95
amplius. itaque, tamquam dēfēnsiōnem in posterum diem
meditārētur, pauca scrībit obsignatque et lībertō trādit; tum
solita cūrandō corporī exsequitur. deinde multam post
noctem, ēgressā cubiculō uxōre, claudī iānuam iussit; et
prīmā lūce perfossō iugulō, iacente humī gladiō, repertus   100
est.

biduum, n. two days
crīminibus: crīmen, n. charge
obiciendīs: obicere bring, present
crīminibus obiciendīs for presenting
  the charges
statuitur: statuere allocate, decree
intervallum, n. interval
reus, m. defendant, the accused
per trīduum for three days
biduum...statuitur (statuiturque)
  ut...reus...dēfenderētur
cōnsimilī: cōnsimilis similar
studiō: studium, n. eagerness, vigour
obiēcērunt: obicere *here* = allege, say
  in accusation
obiēcērunt Pīsōnem mīlitēs...
  corrūpisse, ipsum Germānicum...
  occīdisse
80 **odiō: odium, n.** hatred
rērum novārum: rēs novae, f.pl.
  revolution
licentiam: licentia, f. disorder, riotous
  behaviour
corrūpisse: corrumpere corrupt
(obiēcērunt) et Pīsōnem et
  Plancīnam...petīvisse...rem
  pūblicam
sacra, n.pl. rites
immolātiōnēs: immolātiō, f. sacrifice
nefandās: nefandus wicked, unspeakable
armīs: arma, n.pl. arms
rem pūblicam: rēs pūblica, f. state,
  Rome
85 **dēfēnsiō, f.** defence
trepidāvit: trepidāre falter, stumble
ambitiō, f. bribery
adversum + accusative against
imperātōrem: imperator, m. *here* =
  general (i.e. Germanicus)
negārī: negāre deny
dīluere wash away, *here* = refute

Pīsō sōlum crīmen venēnī dīluere
  potuit
cūriam: cūria, f. senate-house
vōcēs populī...audiēbantur
(dīxērunt sē) nōn temperātūrōs (esse)
  manibus
temperātūrōs (esse): temperāre +
  dative restrain
90 **sententiās: sententia, f.** *here* = vote,
  verdict
patrum: patrēs, m.pl. *here* = senators
ēvāsisset: ēvādere escape
invidia, f. resentment, ill-feeling
absolūtiōnis: absolūtiō, f. acquittal
sociam: socia, f. companion, ally
cuiuscumque fortūnae whatever his
  misfortune (*lit.* of whatever
  misfortune)
exitiī: exitium, n. *here* = death
ipsa prōmittēbat sē sociam...et...
  comitem futūram esse
paulātim gradually
sēgregārī withdraw, distance oneself
postquam *here* = since
95 **exitiābile: exitiābilis** fatal, spelling
  doom
dubitāvit: dubitāre hesitate, doubt
an whether
causam dīceret: causam dīcere defend
  oneself, plead one's case
amplius any more, further
tamquam *here* = as if
posterum: posterus next
meditārētur: meditārī think about, plan
obsignat: obsignāre seal
solita cūrandō corporī exsequitur he
  attended to his personal needs, as
  usual, *lit.* he carried out the usual
  things for looking after his body
ēgressā...uxōre
100 **perfossō: perfodere** cut, stab
iugulō: iugulum, n. throat

Messalīna

Messalina was the Emperor Claudius' third wife. We know little about her (except that she was the daughter of Claudius' cousin) because the relevant books of Tacitus have been lost. By the time our narrative starts, she and Claudius have two children, Octavia and Britannicus, aged about six and five respectively. Apparently Messalina had already been involved in a number of crimes and scandals before she began her affair with Silius.

Adultery

Messalīna novō et quasi īnsānō amōre incēnsa est. nam in C. Sīlium, iuventūtis Rōmānae pulcherrimum, ita exarserat ut Iūniam Sīlānam, nōbilem fēminam, mātrimōniō eius exturbāret līberōque adulterō potīrētur. neque Sīlius flāgitiī aut perīculī nescius erat: sed intellēxit exitium, sī abnueret,   5
fore certum et, sī cōnsentīret, nōnnūllam facinoris cēlandī spem esse; simulque sē magna praemia acceptūrum. igitur placuit neglegere futūra praesentibus fruī. illa nōn fūrtim sed multīs cum comitibus ventitat domum, ēgredientī adhaeret, dat opēs honōrēsque; postrēmō servī, lībertī,   10
parātus prīncipis apud adulterum saepe vidēbantur. at Claudius mātrimōniī suī ignārus.

    iam Messalīna propter facilitātem adulteriōrum ad novās libīdinēs versa est. Sīlius, sīve fātālī īnsāniā an ipsa perīcula remedium imminentium perīculōrum ratus, abrumpī   15
dissimulātiōnem urgēbat: quippe nōn exspectandum, dum

Messalina

quasi as it were
C. Sīlium: C. Sīlius, m. Gaius Silius, a
   young nobleman
iuventūtis: iuventūs, f. youth
exarserat: exardēscere be inflamed
   (with love)
Iūniam Sīlānam: Iūnia Sīlāna, f.
   Iunia Silana, wife of Silius
mātrimōniō: mātrimōnium, n.
   marriage
exturbāret: exturbāre drive out
līberō: līber free, unencumbered
adulterō: adulter, m. adulterer
potīrētur: potīrī + ablative take
   possession of, have
līberō...adulterō potīrētur had (him)
   unencumbered (by a wife) as her
   adulterous lover
flāgitiī: flāgitium, n. scandal
5 nescius unaware
abnueret: abnuere refuse
fore = futūrum esse
certum: certus certain
simul at the same time
acceptūrum (esse)
placuit (eī) he decided, *lit.* it was
   pleasing (to him)
futūra, n.pl. the future

praesentibus: praesentia, n.pl. the
   present
fruī + ablative enjoy
fūrtim furtively
ventitat: ventitāre come repeatedly
ēgredientī (Sīliō)
10 adhaeret: adhaerēre + dative stick to,
   here = always be with
parātus, m. property, *here* = luxurious
   furnishings
prīncipis: prīnceps, m. *here* = emperor
propter + accusative because of
facilitātem: facilitās, f. ease
adulteriōrum: adulterium, n. adultery
libīdinēs: libīdō, f. pleasure, lust,
   infidelity
sīve...an whether...or
fātālī: fātālis sent by fate, fatal,
   dangerous
īnsāniā: īnsānia, f. madness
15 imminentium: imminēre *here* =
   threaten
ratus thinking
abrumpī: abrumpere throw off
dissimulātiōnem: dissimulātiō, f.
   concealment
urgēbat: urgēre urge
quippe for obviously
(urgēbat) nōn exspectandum (esse)

prīnceps senēsceret. sē caelibem, orbum, nūptiīs et
adoptandō Britannicō parātum. eandem Messalīnae
potentiam mānsūram esse, additā sēcūritāte, sī praevenīrent
Claudium, quī īnsidiīs incautus sed ad īram celer esset.   20
Messalīna, nōn amōre in marītum, sed verita nē Sīlius
summa adeptus sē sperneret, diū haesitāvit; sed tandem
persuāsum. nōmen enim mātrimōniī concupīvit ob
magnitūdinem īnfāmiae. nec ultrā morāta quam dum
sacrificiī grātiā Claudius Ostiam proficīscerētur, cūncta   25
nūptiārum sollemnia celebrat.

*Tacitus comments on this event: 'I know it will seem un-
likely that any human beings should feel so secure in a city
where nothing escapes notice. It is even more fantastic that
a consul designate should have married the emperor's wife
before witnesses "for the purpose of raising children"; that
after sacrificing to the gods, they should have attended a
banquet, kissed and then spent the night together. But what
I have to say is attested by earlier authorities.'*

Messalina is denounced

igitur domus prīncipis inhorruit, maximēque eī quī
potentiam habēbant timuērunt nē rēs verterentur: spem
tamen habēbant, sī Claudiō de ātrōcitāte sceleris
persuāsissent, Messalīnam posse opprimī sine quaestiōne   30
damnātam; sed perīculum esse nē ille dēfēnsiōnem audīret,
nēve clausae aurēs etiam cōnfitentī nōn essent. Narcissus,
occāsiōnēs quaerēns, cum Caesar diū apud Ostiam
morārētur, duās eius paelicēs largītiōne et prōmissīs perpulit

senēsceret: senēscere grow old
(dīcēbat) sē caelibem (et) orbum
(et)...parātum (esse)
caelibem: caelebs unmarried
orbum: orbus childless
nūptiīs: nūptiae, f.pl. wedding,
marriage
adoptandō: adoptāre adopt
Britannicō: Britannicus, m.
Britannicus, son of Claudius and
Messalina
potentiam: potentia, f. power
(dīcēbat) eandem...potentiam
mānsūram esse
sēcūritāte: sēcūritās, f. security, safety
praevenīrent: praevenīre forestall
20 incautus unsuspicious
īnsidiīs incautus slow to suspect
intrigue

celer quick
verita: veritus fearing, afraid
summa, n.pl. highest honours, supreme
power, the throne
(eī) persuāsum (est)
concupīvit: concupīscere covet, long for
ob + accusative because of
magnitūdinem: magnitūdō, f. magnitude, sheer scale
īnfāmiae: īnfāmia, f. outrageousness
nec ultrā...quam dum only until, lit.
not longer than until
morāta: morārī wait, linger
25 sacrificiī: sacrificium, n. sacrifice
grātiā + genitive for the purpose of
Ostiam: Ostia, f. Ostia, the harbour-
town of Rome
cūncta: cūnctus all
sollemnia: sollemne, n. ceremony

domus, f. household
inhorruit: inhorrēscere shudder
nē rēs verterentur that there would be
a coup, lit. that things would be
overturned
ātrōcitāte: ātrōcitās, f. enormity
30 quaestiōne: quaestiō, f. trial
(crēdēbant) perīculum esse
nē...nēve...
dēfēnsiōnem: dēfēnsiō, f. defence
nēve and that
cōnfitentī: cōnfitērī confess

(Messalīnae) cōnfitentī
Narcissus, m. Narcissus, one of
Claudius' freedmen and secretar-
ies
occāsiōnēs: occāsiō, f. opportunity
Caesar, m. Caesar, i.e. the emperor
paelicēs: paelex, f. concubine,
courtesan
largītiōne: largītiō, f. bribery
prōmissīs: prōmissum, n. promise
perpulit: perpellere induce, prevail
upon

dēlātiōnem subīre. exim Calpurnia (id alterī paelicī nōmen),   35
ubi datum est sēcrētum, ad genua Caesaris prōvolūta
nūpsisse Messalīnam Sīliō exclāmat; alterā paelice haec
cōnfirmante, Calpurnia ciērī Narcissum postulat.   quī
'discidiumne tuum' inquit 'nōvistī?   nam mātrimōnium
Sīliī vīdit populus et senātus et mīlitēs; ac nisi celeriter agis,   40
tenet urbem marītus.'

*Tacitus continues: 'Claudius summoned his closest friends,
who confirmed the concubines' account. The emperor was
urged to go to the camp, secure the Guard and ensure safety
before vengeance. Claudius was so panic-stricken that he
kept on asking, "Am I still emperor?" '*

nōn sōlum rūmor intereā, sed undique nūntiī ad Messalīnam
contendunt, quī Claudium omnia cognōvisse et venīre
prōmptum ultiōnī adferrent. igitur Messalīna Lūculliānōs
in hortōs, Sīlius dissimulandō metuī ad forum dīgrediuntur.   45
illa tamen, quamquam rēs adversae cōnsilium eximerent,
īre obviam et aspicī ā marītō statim cōnstituit, quod saepe eī
fuerat subsidium; mīsitque ut Britannicus et Octāvia in
complexum patris īrent.   atque interim, tribus omnīnō
comitantibus - tam repēns erat sōlitūdō - postquam per   50
urbem pedibus īvit, vehiculō, quō purgāmenta hortōrum
ēripiuntur, Ostiēnsem viam intrat.   nūllam misericordiam
cīvibus commōvit quia flāgitiōrum dēfōrmitās praevalēbat.
   et iam erat in aspectū Claudiī clāmitābatque ut audīret
Octāviae et Britannicī mātrem.   Narcissus tamen obstrepuit,   55

35 dēlātiōnem: dēlātiō, f. accusation,
       denunciation
    subīre undertake
    exim then, next
    sēcrētum, n. *here* = private interview
    genua: genū, n. knee
    prōvolūta: prōvolvī fall down

    nūpsisse: nūbere + dative marry
    cōnfirmante: cōnfirmāre confirm
    ciērī: ciēre summon
    discidium, n. divorce
40 senātus, m. senate
    agis: agere *here* = act
    marītus i.e. Silius

    rūmor, m. rumour
    prōmptum: prōmptus prepared,
       ready
    adferrent: adferre report
    Lūculliānōs…hortōs: Lūculliānī
       hortī, m.pl. the gardens of
       Lucullus, a large public park
       near the centre of Rome
45 dissimulandō: dissimulāre disguise,
       conceal
    dissimulandō metuī to conceal his
       fear, *lit.* for concealing fear
    dīgrediuntur: dīgredī separate, go in
       different directions
    rēs adversae, f.pl. misfortune, disaster
    cōnsilium, n. *here* = ability to plan
    eximerent: eximere take away
    aspicī: aspicere see
    subsidium, n. means of salvation,
       life-line
    mīsit: mittere *here* = send orders
    Octāvia, f. Octavia, daughter of
       Claudius and Messalina

    complexum: complexus, m. embrace
    interim meanwhile
    omnīnō *here* = only
50 repēns sudden
    sōlitūdō, f. solitude, desertion
    vehiculō: vehiculum, n. cart
    purgāmenta, n.pl. refuse
    ēripiuntur: ēripere take away,
       remove
    Ostiēnsem viam: Ostiēnsis via, f. the
       via Ostiensis, the road which led
       from Rome to Ostia
    misericordiam: misericordia, f. pity
    commōvit: commovēre move, arouse,
       evoke
    dēfōrmitās, f. appalling nature
    praevalēbat: praevalēre prevail, carry
       more weight
    aspectū: aspectus, m. sight
    clāmitābat: clāmitāre demand loudly
55 obstrepuit: obstrepere shout against,
       shout down
    obstrepuit (Messalīnae)

Sīlium et nūptiās referēns; simul cōdicillōs libīdinum indicēs
trādidit, quibus vīsūs Caesaris āverteret. nec multō post
urbem ingredientī offerēbantur līberī, sed Narcissus āmovērī
eōs iussit.

The death of Messalina

mīrum inter haec silentium Claudiī: omnia lībertō   60
oboediēbat; quī contiōnem mīlitum in castrīs parāvit. apud
eōs praemonente Narcissō prīnceps pauca verba fēcit:
continuus dehinc clāmor mīlitum nōmina reōrum et poenās
flāgitantium. ductus Sīlius ad tribūnal nōn dēfēnsiōnem,
nōn morās temptāvit, sed precātus est ut mors accelerārētur.   65

interim Messalīna Lūculliānīs in hortīs prōlātāre vītam,
compōnere precēs, nōnnūllā spē et īrā: tantam superbiam
etiam tum gerēbat.   ac nisi caedem eius Narcissus
properāvisset, vertisset perniciēs in accūsātōrem.   nam
Claudius domum regressus, ubi cēnā vīnōque incaluit,   70
imperāvit ut fēmina misera (hōc enim verbō Claudium
ūsum esse ferunt) ad causam dīcendam postrīdiē adesset.
quod ubi Narcissus audīvit et languēscere īram redīre
amōrem vīdit, timēbat, sī morārētur, propinquam noctem
et uxōriī cubiculī memoriam; igitur prōrumpit dēnūntiatque   75
centuriōnibus et tribūnō, quī aderat, exsequī caedem: ita
imperātōrem iubēre.   missus quoque ūnus ē lībertīs: is
raptim in hortōs praegressus repperit Messalīnam, humī
fūsam; adsidēbat māter Lepida, quae flōrentī fīliae haud
concors fuerat; sed suprēmīs eius necessitātibus ad   80
misericordiam versa suādēbat nē percussōrem opperīrētur:

referēns: referre *here* = recall, tell the story of
cōdicillōs: cōdicillī, m.pl. writing-tablet, notebook
indicēs: index, m. indication, proof

vīsūs: vīsus, m. gaze, attention
āverteret: āvertere distract
(Caesarī) ingredientī
āmovērī: āmovēre remove

60 **mīrum: mīrus** strange
mīrum (erat) silentium
omnia in everything
oboediēbat: oboedīre + dative obey
contiōnem: contiō, f. assembly
praemonente: praemonēre forewarn
continuus continuous, persistent
dehinc thereafter, from then on
continuus (erat) clāmor
reōrum: reus, m. person responsible, guilty person
flāgitantium: flāgitāre demand
tribūnal, n. platform
dēfēnsiōnem: dēfēnsiō, f. defence
65 **morās: mora, f.** delaying tactic
accelerārētur: accelerāre hasten
prōlātāre prolong
superbiam: superbia, f. arrogance, insolence
gerēbat: gerere *here* = display
caedem: caedēs, f. execution
properāvisset: properāre hasten
perniciēs, f. ruin, death
accūsātōrem: accūsātor, m. accuser (i.e. Narcissus)
70 **incaluit: incalēscere** grow warm, glow
ūsum esse: ūtī + ablative use
ferunt they say
causam dīcendam: causam dīcere defend oneself, plead one's case
languēscere grow weak, decline, die down

propinquam: propinquus approaching, next
75 **uxōriī: uxōrius** conjugal, belonging to his wife
memoriam: memoria, f. memory
Narcissus timēbat...noctem et...memoriam
prōrumpit: prōrumpere rush out
dēnūntiat: dēnūntiāre + dative order
exsequī carry out, accomplish
(dīxit) imperātōrem ita iubēre
missus (est) ūnus...
raptim hurriedly
praegressus: praegredī precede, go on ahead
repperit: reperīre find
fūsam: fūsus stretched out, prostrate
adsidēbat: adsidēre sit beside
Lepida, f. Lepida, mother of Messalina
flōrentī: flōrēns prosperous, successful
80 **concors + dative** of the same mind as, on friendly terms with
suprēmīs: suprēmus last, extreme
necessitātibus: necessitās, f. need, time of need, crisis
suādēbat: suādēre urge
percussōrem: percussor, m. executioner
opperīrētur: opperīrī await

trānsiisse vītam neque aliud quam mortem decōram
quaerendum. sed nihil honestum inerat Messalīnae animō,
per libīdinēs corruptō; lacrimae et questūs inritī
effundēbantur, cum impetū venientium pulsae sunt forēs   85
adstititque tribūnus. tunc prīmum Messalīna   fortūnam
suam intellēxit ferrumque accēpit; quod frūstrā iugulō aut
pectorī per trepidātiōnem admovēns, ictū tribūnī trānsigitur.
corpus mātrī concessum.

*Tacitus concludes: 'Messalina's death was announced to
Claudius whilst he was dining. He asked for a glass of wine
and continued his party as usual. Subsequently he showed
no sign of hatred, delight, anger, sadness or any other
human emotion, even when he saw his grieving children.'*

Claudius

trānsiisse: trānsīre *here* = be over
*(suādēbat eam) trānsiisse vītam neque
aliud...quaerendum (esse)*
honestum: honestus honourable
inerat: inesse be in
corruptō: corrumpere corrupt, ruin
questūs: questus, m. complaint,
lament
inritī: inritus vain, useless
85 **pulsae sunt: pellere** break down,
break open
forēs, f.pl. door, gate (to the garden)

tunc then
iugulō: iugulum, n. throat
pectorī: pectus, n. breast
trepidātiōnem: trepidātiō, f. alarm,
trembling
admovēns: admovēre apply, put to
ictū: ictus, m. thrust, blow
trānsigitur: trānsigere stab, run
through
concessum (est): concēdere grant,
hand over

Messalina and her children

avunculus meus

These two letters were written by Pliny the Younger in praise of his uncle, Pliny the Elder.

A day in the life of Pliny the Elder

Baebius Macer, an admirer of the writings of the elder Pliny, has asked the younger Pliny for a complete list of his works. Pliny obligingly supplies not only the list but a detailed biographical sketch. In this extract, he describes the working habits of his uncle.

ante lūcem ībat ad Vespasiānum imperātōrem (nam ille quoque noctibus ūtēbātur), deinde ad officium sibi dēlēgātum. reversus domum reliquum tempus studiīs dabat. saepe post cibum (quī veterum mōre interdiū levis et facilis erat) aestāte, sī quid ōtiī erat, iacēbat in sōle, liber   5
legēbātur, adnotābat excerpēbatque. nihil enim lēgit quod nōn excerperet; dīcere etiam solēbat nūllum librum esse tam malum ut nōn aliquā parte prōdesset. post sōlem plērumque aquā frīgidā lavābātur, deinde gustābat dormiēbatque minimum; mox quasi aliō diē studēbat in   10
cēnae tempus. super cēnam liber legēbātur adnotābātur, et quidem cursim.

    haec inter mediōs labōrēs urbisque fremitum. in sēcessū sōlum balineī tempus studiīs eximēbātur (cum dīcō 'balineī', dē interiōribus loquor; nam dum dēstringitur tergiturque,   15
audiēbat aliquid aut dictābat). in itinere quasi solūtus cēterīs cūrīs, huic ūnī vacābat: ad latus notārius cum librō et pugillāribus, cuius manūs hieme manicīs mūniēbantur, ut nē caelī quidem asperitās ūllum studiī tempus ēriperet; quā ex causā Rōmae quoque sellā vehēbātur. repetō   20
mē correptum ab eō, quod ambulārem: 'poterās' inquit 'hās hōrās nōn perdere'; nam perīre omne tempus arbitrābātur, quod studiīs nōn impenderētur. valē.

avunculus, m. uncle
ūtēbātur: ūtī + ablative make use of
officium, n. duty
dēlēgātum: dēlēgāre assign
reliquum: reliquus remaining
studiīs: studium, n. study
veterum: veterēs, m.pl. forefathers
interdiū during the day
levis light
5 facilis *here* = easily digested
aestāte: aestās, f. summer
sī quid if anything
ōtiī: ōtium, n. leisure
sī quid ōtiī erat if there was any
   leisure
adnotābat: adnotāre make notes (on)
excerpēbat: excerpere make extracts
   (from)
aliquā: aliquī some
prōdesset: prōdesse be of use
plērumque usually
frīgidā: frīgidus cold
gustābat: gustāre *here* = have a
   snack
10 studēbat: studēre study
super + accusative over
quidem indeed
cursim rapidly
fremitum: fremitus, m. bustle
haec (fēcit) inter...
in sēcessū away from the city
balineī: balineum, n. the baths,
   bathing

eximēbātur: eximere take away
15 interiōribus: interiōra, n.pl. inner
   rooms (where the actual bathing
   took place)
dēstringitur: dēstringere scrape, rub
   down
tergitur: tergere dry
huic ūnī (cūrae)
vacābat: vacāre + dative devote
   oneself to, make time for
latus, n. side
notārius, m. secretary
ad latus (eius erat) notārius
pugillāribus: pugillārēs, m.pl. writing
   tablets
manicīs: manicae, f.pl. long sleeves
mūniēbantur: mūnīre protect
caelī: caelum, n. weather
asperitās, f. harshness
ūllum: ūllus any
ēriperet: ēripere take away, rescue
20 causā: causa, f. reason
Rōmae at Rome
repetō: repetere remember
correptum: corripere scold
mē correptum (esse)
perdere waste
perīre be wasted
arbitrābātur: arbitrārī think
impenderētur: impendere devote,
   spend

Initial letters from a 15th-century manuscript of Pliny the Elder's *Natural History*

Above: Pliny the Elder

Opposite (clockwise from top left): Aquatic Species - including mermaids (Book IX), Metals (Book XXXIV), The Human Race (Book VII), Drugs (Book XXVI)

The death of Pliny the Elder

*The historian, Tacitus, has asked the younger Pliny to write
a detailed account of the events leading to the death of his
uncle in the eruption of Vesuvius on 24th August, AD 79.
Pliny's account provides us with the first recorded descrip-
tion of a volcanic eruption in the western world.*

petis ut tibi avunculī meī exitum scrībam, quō vērius trādere
posterīs possīs.

    erat Mīsēnī classemque imperiō praesēns regēbat. nōnum
kal. Septembrēs hōrā ferē septimā māter mea indicat eī
nūbem mīrābilem appārēre; quae vīsa est eī, ut ērudītissimō   5
virō, magna propiusque nōscenda. iubet liburnicam parārī;
mē sī venīre ūnā vellem rogat; respondī studēre mē mālle,
et forte ipse quod scrīberem dederat. ēgrediēbātur domō;
accipit cōdicillōs Rēctīnae Tascī imminentī perīculō
perterritae (nam vīlla eius subiacēbat, nec ūlla nisi nāvibus   10
fuga): ōrābat ut sē tantō discrīminī ēriperet. vertit ille
cōnsilium et quod studiōsō animō incēperat obit maximō.
dēdūcit quadrirēmēs, ascendit ipse nōn Rēctīnae modo sed
multīs (erat enim frequēns amoenitās ōrae) lātūrus auxilium.
festīnat illūc unde aliī fugiunt, rēctumque cursum rēcta   15
gubernācula in perīculum tenet adeō solūtus metū, ut omnēs
illīus malī mōtūs, omnēs figūrās ut dēprenderat oculīs
dictāret adnotāretque.

    iam nāvibus cinis incidēbat, calidior et dēnsior, quō
propius accēderent; iam pūmicēs etiam lapidēsque nigrī et   20
ambustī et frāctī igne; iam vadum subitum et lītora ruīnā
montis obstantia. haesitat paulīsper an retrō nāvigāret;

petis: petere ask
exitum: exitus, m. death
quō in order that
vērius: vērē truthfully, accurately
trādere *here* = hand down
posterīs: posterī, m.pl. posterity
Mīsēnī: Mīsēnum, n. Misenum (a
    town on the promontory forming
    the northern end of the Bay of
    Naples)
classem: classis, f. fleet
imperiō: imperium, n. power,
    command
praesēns in person
regēbat: regere command
nōnum kal. Septembrēs on the
    ninth day before the Kalends of
    September, i.e. on 24th August
ferē about
indicat: indicāre point out
5 ut as one might expect
ērudītissimō: ērudītus scholarly
magna: magnus *here* = important,
    significant
propius: prope at close quarters
nōscenda: nōscere investigate
liburnicam: liburnica, f. fast boat
ūnā as well, with him
quod scrīberem something to write
cōdicillōs: cōdicillī, m.pl. note
Rēctīnae Tascī: Rēctīna Tascī
    Rectina, wife of Tascius
10 subiacēbat: subiacēre lie beneath
    subiacēbat (Vesuviō)
discrīminī: discrīmen, n. danger
ēriperet: ēripere + dative rescue from
vertit: vertere change

studiōsō: studiōsus inquiring
obit: obīre accomplish
maximō: maximus *here* = heroic
    maximō (animō)
dēdūcit: dēdūcere launch
quadrirēmēs: quadrirēmis, f. warship
ascendit: ascendere embark
frequēns densely populated
amoenitās ōrae that delightful stretch
    of coast
lātūrus intending to bring, in order to
    bring
15 rēctum: rēctus straight
gubernācula: gubernāculum, n.
    rudder
malī: malum, n. disaster, *lit.* evil thing
mōtūs: mōtus, m. movement
figūrās: figūra, f. feature
dēprenderat oculīs he had observed
    (them), *lit.* he had discovered
    (them) with his eyes
calidior: calidus hot
20 accēderent: accēdere approach
quō propius accēderent the nearer
    they approached
pūmicēs: pūmex, m. pumice stone
lapidēs: lapis, m. stone
nigrī: niger black
ambustī: ambustus scorched
igne: ignis, m. fire, bonfire
vadum, n. shallow water
subitum: subitus sudden
    (fuit) vadum subitum
ruīnā: ruīna, f. debris
    (avunculus) haesitat
an whether
retrō back

mox gubernātōrī ut ita faceret monentī 'fortēs' inquit
'fortūna adiuvat: Pompōniānum pete!' Pompōniānus erat
Stabiīs dirēmptus sinū mediō (nam mare sēnsim circumāctīs   25
curvātīsque lītoribus īnfunditur); ibi perīculum, quamquam
nōndum appropinquābat, tamen valdē cōnspicuum erat;
Pompōniānus igitur sarcinās posuerat in nāvēs, certus fugae
sī contrārius ventus resēdisset.   quō tum secundissimō
avunculus meus invectus, amplectitur trepidantem   30
cōnsōlātur hortātur, utque timōrem eius suā sēcūritāte
lēnīret, iubet ferrī in balineum. lōtus recumbit cēnat, aut
hilaris aut (quod est aequē magnum) similis hilarī. intereā
ē Vesuviō monte plūribus locīs lātissimae flammae altaque
incendia relūcēbant, quōrum fulgor et clāritās tenebrīs noctis   35
excitābātur.   ille in remedium formīdinis dictitābat ignēs
agrestium trepidātiōne relictōs dēsertāsque vīllās per
sōlitūdinem ardēre. tum sē quiētī dedit et quiēvit vērissimō
quidem somnō; nam meātus animae, quī illī propter
amplitūdinem corporis gravior et sonantior erat, ab eīs quī   40
līminī obversābantur audiēbātur. sed ārea ex quā cubiculum

An 18th-century eruption of Vesuvius

gubernātōrī: gubernātor, m. helmsman

gubernātōrī...monentī...inquit

Pompōniānum: Pompōniānus
Pomponianus, a friend of the
elder Pliny, probably the same
man as Tascius

Stabiīs at Stabiae (a town four miles
south of Pompeii)

25 dirēmptus separated (from
Herculaneum)

sinū: sinus, m. bay

mediō: medius here = intervening

sēnsim gradually, gently

circumāctīs: circumāctus sweeping
round

curvātīs: curvātus curving, in a
curve

īnfunditur: īnfundere run in

nōndum not yet

cōnspicuum: cōnspicuus obvious

sarcinās: sarcinae, f.pl. luggage

certus + genitive resolved on

contrārius contrary

resēdisset: resīdere subside

secundissimō: secundus directly
behind him, *lit.* very favourable

quō (ventō) secundissimō

30 invectus: invehī sail in
(Stabiās) invectus

trepidantem: trepidāre tremble
(Pompōniānum) trepidantem

cōnsōlātur: cōnsōlārī cheer

sēcūritāte: sēcūritās, f. composure

lēnīret: lēnīre calm

iubet (sē) ferrī

lōtus having bathed, after his bath

aut...aut either...or

hilaris cheerful

aequē equally

similis + dative similar to, here =
pretending to be, seeming to be

plūribus: plūrēs many, several

lātissimae flammae broad sheets of
flame

35 incendia: incendium, n. fire

relūcēbant: relūcēre blaze

fulgor, m. glare

clāritās, f. brightness

excitābātur: excitāre here = emphasise

ille (avunculus meus)

formīdinis: formīdō, f. terror

dictitābat: dictitāre keep saying

agrestium: agrestēs, m.pl. country
folk

trepidātiōne: trepidātiō, f. panic

per sōlitūdinem in the abandoned
areas

quiēvit: quiēscere rest

somnō: somnus, m. sleep

meātus animae passage of breath,
breathing

propter + accusative because of

40 amplitūdinem: amplitūdō, f. stoutness

sonantior: sonāns noisy

līminī: līmen, n. doorway

obversābantur: obversārī + dative be
near, move about near

ārea, f. courtyard

adībātur ita iam cinere mixtīsque pūmicibus complēta
surrēxerat, ut sī longior in cubiculō mora esset, exitus
negārētur. excitātus prōcēdit, sēque Pompōniānō cēterīsque
quī pervigilāverant reddit. inter sē cōnsulunt, utrum intrā   45
tēcta maneant an in apertō vagentur.   nam crēbrīs
ingentibusque tremōribus tēcta nūtābant, et quasi ēmōta
sēdibus suīs nunc hūc nunc illūc abīre aut referrī vidēbantur.
sub dīō rūrsus cāsus pūmicum metuēbātur, quamquam
levium exēsōrumque, quod tamen perīculōrum collātiō   50
ēlēgit; et apud illum quidem ratiō ratiōnem, apud aliōs
timōrem timor vīcit. cervīcālia capitibus imposita linteīs
cōnstringunt; id mūnīmentum contrā incidentia fuit.

   iam diēs alibī, illīc nox omnibus noctibus nigrior
dēnsiorque; quam tamen facēs multae variaque lūmina   55
solvēbant. placuit ēgredī in lītus, et ex proximō adspicere,
num mare fugam praebēret; quod adhūc vāstum et
adversum manēbat. ibi in abiectō linteō recumbēns semel
atque iterum frīgidam aquam poposcit hausitque. deinde
flammae flammārumque praenūntius odor sulphuris aliōs   60
in fugam vertunt, excitant illum. innītēns servīs duōbus
surrēxit et statim concidit. spīritus enim, ut ego crēdō,
dēnsiōre cālīgine obstrūctus erat, claususque stomachus
quī illī nātūrā invalidus et angustus et saepe aestuāns erat.
ubi diēs redditus est (is ab eō quem novissimē vīderat   65
tertius), corpus inventum est integrum inlaesum
opertumque ut fuerat indūtus: habitus corporis dormientī
quam mortuō similior.

*Pliny ends his account at this point with an assurance of the
accuracy of everything that he has described.*

mixtīs: miscēre mix
cinere mixtīsque pumicibus a mixture
  of ash and pumice
ārea...complēta
surrēxerat: surgere rise (in level)
mora, f. delay
sī longior...mora (esset)
exitus, m. way out, escape
negārētur: negāre deny, make
  impossible
sē...reddit: sē reddere go back (to)
45 pervigilāverant: pervigilāre stay
  awake all night
intrā + accusative inside
tēcta: tēctum, n. building
in apertō in the open
vagentur: vagārī roam about
crēbrīs: crēber frequent
tremōribus: tremor, m. tremor
nūtābant: nūtāre shake
ēmōta: ēmovēre tear away
sēdibus: sēdēs, f. foundation
abīre aut referrī to sway forwards
  and backwards, *lit.* to move
  away or be carried back
sub dīō outside, in the open
rūrsus on the other hand
cāsus, m. falling, fall
metuēbātur: metuere fear
50 levium: levis light
exēsōrum: exēsus porous
pūmicum...levium exēsōrumque
collātiō, f. comparison
quod tamen perīculōrum collātiō
  ēlēgit however, a comparison of
  the dangers suggested the latter
  choice, *lit.* which (of the two
  alternatives) a comparison of the
  dangers chose
apud illum in his (i.e. my uncle's)
  case

ratiō, f. reason, rational argument
ratiō ratiōnem (vīcit)
cervīcālia: cervīcal, n. pillow
linteīs: linteum, n. linen cloth
cōnstringunt: cōnstringere tie down
mūnīmentum, n. protection
alibī elsewhere
illīc there
55 varia: varius various, various kinds of
lūmina: lūmen, n. lamp
solvēbant: solvere relieve
placuit (eīs) they decided, *lit.* it was
  pleasing (to them)
ex proximō from close by
adspicere investigate
adhūc still
vāstum: vāstus swollen
abiectō: abicere throw down
semel atque iterum time and time again
frīgidam: frīgidus cold
60 praenūntius, m. warning sign
odor, m. smell
sulphuris: sulphur, n. sulphur
innītēns: innītī + dative lean on
concidit: concidere collapse
spīritus, m. breathing
cālīgine: cālīgō, f. darkness, *here* =
  fumes
obstrūctus erat: obstruere obstruct
stomachus, m. windpipe
nātūrā: nātūra, f. nature
invalidus weak
aestuāns inflamed
65 novissimē last
is (diēs fuit) tertius ab eō (diē) quem...
integrum: integer intact
inlaesum: inlaesus uninjured
opertum: operīre cover
indūtus: induere dress
habitus, m. appearance
habitus (erat) similior

sāgae Thessalae

Lucius is travelling through Thessaly, in Greece. By chance
he meets a lady called Byrrhaena, who invites him to a
dinner party. At the party, Lucius is asked what he thinks
of Thessaly; he replies that he is impressed but worried by
stories he has heard about the local witches, who are in the
habit of cutting pieces of flesh from corpses. One of the
guests laughingly points to a man hidden away at a table in
the corner of the room, saying that he has suffered this fate
while still alive. The man, whose name is Thelyphron, is
urged by Byrrhaena to tell Lucius his story. He reluctantly
agrees.

iuvenis ego Mīlētō profectus ad spectāculum Olympicum,
cum haec etiam loca prōvinciae clārae vīsitāre cuperem,
peragrātā tōtā Thessaliā Lārissam pervēnī. ac dum urbem
pererrāns tenuātō viāticō paupertātī meae fōmenta quaerō,
mediō in forō senem cōnspiciō. īnsistēbat lapidem magnāque   5
vōce praedicābat, sī quis mortuum custōdīre vellet,
magnum praemium acceptūrum esse.   et cuīdam
praetereuntī 'quid hoc' inquam 'audiō? hīc mortuī solent
aufugere?'

'tacē,' respondit ille. 'nam puer et satis peregrīnus es,   10
meritōque nescīs in Thessaliā tē esse, ubi sāgae ōra
mortuōrum semper dēmorsicant, quae sunt illīs artis magicae
supplēmenta.'

contrā ego 'quālī custōdēlā' inquam 'opus est?'

'iam prīmum' respondit ille 'tōtam noctem eximiē   15
vigilandum est apertīs et incōnīvīs oculīs semper in cadāver

A visit to a sorceress

sāgae: sāga, f. witch
Thessalae: Thessalus of Thessaly
Mīlētō from Miletus (a city in Asia
    Minor)
spectāculum Olympicum the
    Olympic games
cum since
vīsitāre visit
peragrātā: peragrāre travel through
Lārissam: Lārissa, f. Larissa (a town
    in Thessaly)
pererrāns: pererrāre wander through
tenuātō: tenuāre diminish, make small
viāticō: viāticum, n. travelling
    allowance
paupertātī: paupertās, f. poverty
fōmenta: fōmentum, n. remedy
5 īnsistēbat: īnsistere stand on
lapidem: lapis, m. stone
praedicābat: praedicāre proclaim
sī quis if anyone

inquam I said
aufugere run away
10 satis here = a mere, quite a
peregrīnus, m. foreigner, stranger
meritō naturally
dēmorsicant: dēmorsicāre bite pieces
    out of
magicae: magicus magic
supplēmenta: supplēmentum, n.
    supplement, extra ingredient
contrā here = in reply
custōdēlā: custōdēla, f. guarding,
    protection
quālī custōdēlā...opus est? what sort
    of protection is needed?
15 iam prīmum to begin with, first of all
eximiē perfectly, fully
vigilandum: vigilāre stay awake
incōnīvīs: incōnīvus sleepless,
    unclosing
cadāver, n. corpse

intentīs, nec aciēs usquam dēvertenda est, cum illae pessimae
sāgae latenter arrēpant, fōrmā in quodvīs animal conversā.
nam et avēs et canēs et mūrēs, immō vērō etiam muscās,
induunt.'   20

*The man ends with a warning that if someone fails to
deliver the body intact in the morning, he is forced to
replace missing pieces of flesh with pieces sliced from his
own face.*

hīs cognitīs animum meum commasculō et statim accēdēns
senem 'clāmāre' inquam 'iam dēsine. adest custōs parātus.'
vix fīnieram et statim mē perdūcit ad domum quandam,
ubi dēmōnstrat mātrōnam flēbilem fuscīs vestīmentīs
contēctam. illa surrēxit et ad cubiculum mē indūxit. ibi   25
corpus splendentibus linteīs coopertum manū revēlāvit.
ubi singula anxiē dēmōnstrāvit, exiit.

Thelyphron begins his vigil.

sīc dēsōlātus ad cadāveris sōlācium, perfrictīs oculīs et
parātīs ad vigiliam, dum animum meum permulcēbam
cantātiōnibus, usque ad mediam noctem pervigilābam.   30
tum autem mihi formīdō cumulātior cum repente
intrōrēpēns mustēla contrā mē cōnstitit oculōsque in mē
fīxit. tanta fidūcia in tantulō animālī mihi turbāvit animum.
dēnique sīc illī 'abī' inquam 'scelesta bēstia, antequam
meam vim celeriter experiāris! abī!'   35

intentīs: intentus intent on, directed at
aciēs, f. glance
usquam anywhere
dēvertenda: dēvertere turn away
latenter secretly
arrēpant: arrēpere creep up
fōrmā: fōrma, f. shape, appearance
quodvīs: quīvīs any

animal, n. animal
fōrmā...conversā
mūrēs: mūs, m. mouse
immō vērō and indeed
muscās: musca, f. fly
20 induunt: induere *here* = take the form
of

commasculō: commasculāre
  strengthen, make bold
accēdēns: accēdere approach
finieram: finīre finish
et *here* = when, before
perdūcit: perdūcere lead, conduct
mātrōnam: mātrōna, f. woman
flēbilem: flēbilis weeping
fuscīs: fuscus dark
25 contēctam: contēctus wrapped,

covered, dressed
indūxit: indūcere lead in
splendentibus: splendēns shining
  white
linteīs: linteum, n. sheet
coopertum: coopertus wrapped
revēlāvit: revēlāre uncover
singula, n.pl. individual features
anxiē anxiously

dēsōlātus left alone
sōlācium, n. comforting, consoling
perfrictīs: perfricāre rub
oculīs perfrictīs et parātīs
vigiliam: vigilia, f. guard duty
permulcēbam: permulcēre soothe,
  calm down
30 cantātiōnibus: cantātiō, f. song
usque ad + accusative until
pervigilābam: pervigilāre stay awake
formīdō, f. fear, terror
cumulātior: cumulātus increased,
  built up
formīdō (erat) cumulātior

repente suddenly
intrōrēpēns: intrōrēpere creep in
mustēla, f. weasel
contrā + accusative *here* = in front of,
  facing
fixit: figere fix
fidūcia, f. self-confidence
tantulō: tantulus so small
turbāvit: turbāre disturb, alarm
bēstia, f. beast
antequam before
35 vim: vīs, f. strength
experiāris: experīrī experience

mustēla terga vertit et ē cubiculō prōtinus exit. sine morā
somnus tam profundus mē repente dēmergit, ut nē deus
quidem Delphicus ipse facile discernere posset ex duōbus
nōbīs iacentibus, quis esset magis mortuus.

tandem prīmā lūce expergitus et magnō pavōre   40
perterritus cadāver accurrō, et admōtō lūmine revēlātōque
eius vultū, omnia dīligenter īnspiciō: nihil dēest. ecce uxor
misera flēns intrōrumpit: cadāvere īnspectō reddit sine
morā praemium.

*While I was recovering my strength in the street next to the
house, the body was brought out. Because it was the body
of one of the leading citizens, it was carried in procession
around the forum according to local custom. As this was
taking place, an old man suddenly appeared. He was
weeping and tearing out his fine white hair. He ran up to the
bier and embraced it. Amid sobs and groans he cried out:*

'per fidem vestram' inquit 'cīvēs, per pietātem pūblicam,   45
perēmptō cīvī subsistite et extrēmum facinus istīus fēminae
nefāriae scelestaeque sevēriter vindicāte. haec enim nec
ūllus alius miserum iuvenem, sorōris meae fīlium, in adulterī
grātiam et ob praedam hērēditāriam exstīnxit venēnō.'

illa, lacrimīs effūsīs quamque sānctissimē poterat   50
adiūrāns cūnctōs deōs, tantum scelus abnuēbat. ergō senex
ille: 'vēritātis arbitrium in dīvīnam prōvidentiam pōnāmus.
Zatchlas adest Aegyptius prophēta nōtissimus, quī mihi
prōmīsit sē prō magnō praemiō spīritum istīus cadāveris
paulīsper ab īnferīs reductūrum esse corpusque   55
animātūrum.'

prōtinus immediately
morā: mora, f. delay
somnus, m. sleep
profundus deep
dēmergit: dēmergere overwhelm
deus...Delphicus, m. the god of
  Delphi, *i.e.* Apollo
discernere decide
magis more

40 expergitus: expergere awaken
accurrō: accurrere run over to
admōtō: admovēre bring near
lūmine: lūmen, n. light, lamp
dēest: dēesse be missing
flēns: flēre weep
intrōrumpit: intrōrumpere burst in
reddit: reddere *here* = give, pay

45 per fidem vestram for the sake of
  your honour
pietātem: pietās, f. duty
perēmptō: perimere murder, destroy
subsistite: subsistere + dative
  withstand, *here* = help
extrēmum: extrēmus meanest, vilest
nefāriae: nefārius wicked
sevēriter = sevērē
vindicāte: vindicāre punish
ūllus any
adulterī: adulter, m. adulterer, lover
in...grātiam + genitive for the
  gratification of, to please
ob + accusative for the sake of
praedam: praeda, f. booty, profit
hērēditāriam: hērēditārius inherited,
  of an inheritance
haec (fēmina)...nec ūllus
  alius...iuvenem...exstīnxit
50 sānctissimē: sānctē solemnly, piously

quam...sānctissimē poterat as piously
  as she could
adiūrāns: adiūrāre swear by, call to
  witness
cūnctōs: cūnctus all
abnuēbat: abnuere deny
ergō therefore
senex ille (dīxit)
vēritātis: vēritās, f. truth
arbitrium, n. judgement
dīvīnam: dīvīnus divine
prōvidentiam: prōvidentia, f.
  providence
Zatchlas, m. Zatchlas, supposedly an
  Egyptian name
Aegyptius Egyptian
prophēta, m. prophet
spīritum: spīritus, m. spirit, breath
55 īnferīs: īnferī, m.pl. the dead
animātūrum: animāre reanimate,
  bring back to life

The prophet was stirred into action. He took a special herb
and laid it three times on the mouth of the dead man. Then
he took another and put it on his breast. Then he turned to
face the east and in silence prayed to the sacred disc of the
rising sun. The people waited in expectation of a miracle.

immittō mē turbae et pōne ipsum lectulum lapidem īnsistēns
omnia cūriōsīs oculīs spectābam. iam tumōre pectus
cadāveris extollī, iam spīritū corpus implērī. et surgit
cadāver et profātur: 'cūr, ōrō, mē post Lēthaea pōcula iam   60
Stygiīs palūdibus innatantem ad mōmentāriae vītae officia
redūcitis? dēsine iam, precor, dēsine, ac mē in meam quiētem
permitte.'

    haec vōx dē corpore audīta est, sed prophēta aliquantō
commōtior 'quīn nārrās' inquit 'populō omnia dē morte   65
tuā?'

    respondet ille dē lectulō et īmō cum gemitū populum sīc
adloquitur: 'malīs novae nūptae artibus perēmptus et
addictus noxiō pōculō, torum tepentem adulterō reddidī.
dabō vōbīs documenta vēritātis perlūcida, et quod prōrsus   70
alius nēmō cognōverit vel ōmināverit indicābō.'

    tunc digitō mē dēmōnstrāns: 'nam cum corporis meī
custōs hic sagācissimus exsertam vigiliam mihi tenēret,
sāgae quaedam exuviīs meīs imminentēs fōrmā mūtātā
apparuērunt. cum industriam sēdulam eius fallere nōn   75
potuissent, postrēmō iniectā somnī nebulā eum in
profundam quiētem sepelīvērunt. tum mē nōmine excitāre
coepērunt neque prius dēsiērunt quam dum hebetēs
artūs meī et membra frīgida ad artis magicae obsequia
sēgniter nītuntur. hic autem, quī vīvus erat, et tantum   80
sopōre mortuus, idem mēcum nōmen forte habet.

immittō: immittere + dative push into

pōne + accusative behind

lectulum: lectulus, m. bier

cūriōsīs: cūriōsus curious

tumōre: tumor, m. swelling

pectus, n. chest

extollī: extollere raise

implērī: implēre fill

60 profātur: profārī speak out

post Lēthaea pōcula after drinking from the waters of Lethe, *lit.* after cups from Lethe (Lethe was a river in the Underworld which caused forgetfulness)

Stygiīs: Stygius Stygian (referring to the Styx, another river in the Underworld)

palūdibus: palūs, f. swamp, marsh, pool

innatantem: innatāre sail on, embark on

mōmentāriac: mōmentārius momentary, short-lived

officia: officium, n. function, duty

cūr mē...innatantem...redūcitis?

permitte: permittere let go, release

aliquantō somewhat, rather

65 commōtior more forcefully

quīn? why not?

īmō: īmus deep

adloquitur: adloquī address

nūptae: nūpta, f. bride

malīs...artibus

addictus sentenced to, a victim of

noxiō: noxius harmful, poisoned, deadly

torum: torus, m. bed

tepentem: tepēns warm

70 documenta: documentum, n. proof

perlūcida: perlūcidus very clear

prōrsus absolutely

ōmināverit: ōmināre predict

indicābō: indicāre disclose, reveal

indicābō (id) quod...nēmō cognōverit

tunc then

digitō: digitus, m. finger

sagācissimus: sagāx keen-witted

exsertam: exsertus intensive, alert

exuviīs: exuviae, f.pl. remains

imminentēs: imminēre + dative *here* = be eager for

mūtātā: mūtāre change

75 industriam: industria, f. diligence, efforts

sēdulam: sēdulus unremitting, determined

fallere elude, deceive

nebulā: nebula, f. cloud, mist

sepelīvērunt: sepelīre bury

dēsiērunt: dēsinere stop

neque prius...quam dum and not until

hebetēs: hebes sluggish, heavy

artūs, m.pl. joints

membra: membrum, n. limb

frīgida: frīgidus cold

obsequia: obsequium, n. obedience

80 sēgniter slowly, sluggishly

nītuntur: nītī make an effort, struggle

sopōre: sopor, m. sleep, deep sleep

idem mēcum nōmen forte habet i.e. both the corpse and the storyteller were named Thelyphron

ad suum nōmen igitur ignārus exsurgit, et, in exanimis
umbrae modum ultrō gradiēns, iānuam adit. quamquam
forēs cubiculī dīligenter occlūsae erant, per quoddam
forāmen prōsectīs nāsō prius ac mox auribus laniēnam prō   85
mē passus est. tum sāgae cēram in modum prōsectārum
fōrmātam aurium eī applicant nāsumque similem prōsectō
comparant. et nunc stat miser hīc, praemium nōn industriae
sed laniēnae cōnsecūtus.'

hīs dictīs perterritus temptāre fōrmam incipiō. manū   90
nāsum prehendō: sequitur; aurēs pertractō: dēruunt. ac
dum turba dīrēctīs digitīs et nūtibus mē dēnotat, inter pedēs
circumstantium frīgidō sūdōre dēfluēns effugiō. nec posteā
sīc dēbilis ac sīc rīdiculus ad patriam redīre potuī, sed
capillīs hinc inde dēiectīs aurium vulnera cēlāvī, nāsī vērō   95
dēdecus linteolō istō decenter obtēxī.

A witch giving a potion to a client

ad + accusative *here* = at the sound
of, in response to
ignārus *here* = mistakenly, unwit-
tingly
exsurgit: exsurgere rise, get up
in...modum in the manner of
exanimis lifeless
ultrō of one's own accord, *here* =
mechanically
gradiēns: gradī proceed
forēs, f.pl. door
occlūsae erant: occlūdere lock
85 forāmen, n. hole (the witches
reached in through the hole in
the door)
prōsectīs: prōsecāre cut off
nāsō: nāsus, m. nose
prōsectīs nāsō ac auribus
laniēnam: laniēna, f. mutilation
prō + ablative *here* = instead of
fōrmātam: fōrmāre shape, fashion
applicant: applicāre attach
similem: similis + dative similar
prōsectō (nāsō)
comparant: comparāre *here* =
provide, fit on, arrange
cōnsecūtus: cōnsequī earn
90 dictīs: dictum, n. word

temptāre *here* = test, examine
prehendō: prehendere grasp
sequitur: sequī *here* = come away,
come off
pertractō: pertractāre touch
dēruunt: dēruere fall off
dīrēctīs: dīrigere point, direct
nūtibus: nūtus, m. nod
dēnotat: dēnotāre point out, identify
circumstantium: circumstāre stand
round
sūdōre: sūdor, m. sweat
dēfluēns: dēfluere drip, pour
dēbilis maimed
rīdiculus ridiculous, ludicrous
patriam: patria, f. native land
95 capillīs: capillī, m.pl. hair
hinc inde on both sides
dēiectīs: dēicere *here* = let down,
grow long
vērō and indeed, what is more
dēdecus, n. disgrace, humiliating
condition
linteolō: linteolum, n. small cloth,
patch
istō: iste *here* = this
decenter decently, for decency's sake
obtēxī: obtegere cover up, conceal

trēs fēminae

These portraits of three women are all taken from letters
written by Pliny the Younger.

Arria

*Arria was famous in the Roman world for her remarkable
courage. Here, in a letter to his friend, Nepos, Pliny recounts
two lesser known stories about her which he thinks are even
more heroic than the story which made her famous.*

C. Plīnius Nepōtī suō S.

aegrōtābat Caecina Paetus, marītus Arriae; aegrōtābat et
fīlius, uterque gravissimē, ut vidēbātur. fīlius mortuus est,
iuvenis pulcherrimus et verēcundus et parentibus cārus.
huic Arria ita fūnus parāvit, ita dūxit exsequiās, ut ignārus
esset marītus; quīn immō quotiēns cubiculum eius intrāret,   5
vīvere fīlium atque etiam commodiōrem esse simulābat, ac
persaepe marītō rogantī, quid ageret puer, respondēbat:
'bene dormīvit, libenter cibum cōnsūmpsit.' deinde, cum
lacrimae diū cohibitae eam vincerent prōrumperentque,
ēgrediēbātur; tum sē dolōrī dabat; satiāta siccīs oculīs   10
compositō vultū in cubiculum redībat, tamquam orbitātem
forīs relīquisset.

*The second story tells of Arria's courage when her husband
was involved in a short-lived revolt against the Emperor
Claudius led by Scribonianus, the governor of Illyricum. As
a result of his involvement, Paetus was arrested and taken
to Rome. Pliny begins with an incident that had become
very well-known: the 'famous last words' of Arria when
Paetus had been condemned to death. Paetus was given the
chance to anticipate the executioner by committing suicide.
Arria was with him.*

A mourning woman

C. = Gāius
Nepōtī: Nepōs, m. Nepos (friend of
  Pliny)
suō: suus his (friend)
S. = salūtem (dīcit) sends greetings to
aegrōtābat: aegrōtāre be ill
et also
uterque both
vidēbātur: vidērī seem
verēcundus modest
fūnus, n. funeral
exsequiās: exsequiae, f.pl. funeral
  procession, funeral
5 quīn immō indeed
quotiēns whenever

commodiōrem: commodus *here* =
  strong (in health)
simulābat: simulāre pretend
persaepe very often
quid ageret puer how the boy was
  getting on
cohibitae: cohibēre hold back
vincerent: vincere overcome, get the
  better of
prōrumperent: prōrumpere break out
10 satiāta: satiātus having had her fill (of
  tears)
siccīs: siccus dry
orbitātem: orbitās, f. bereavement
forīs outside

praeclārum quidem illud factum eiusdem, ferrum stringere,
perfodere pectus, extrahere pugiōnem, porrigere marītō,
addere vōcem immortālem ac paene dīvīnam: 'Paete, nōn   15
dolet.'

*Pliny now goes back to an earlier point in the story, when
Paetus was first arrested. He wants to point out that Arria's
courage was shown in other ways as well, not just in her
famous last words.*

    Scrībōniānus arma in Illyricō contrā Claudium mōverat;
fuerat Paetus in partibus, et occīsō Scrībōniānō Rōmam
trahēbātur. erat ascēnsūrus nāvem; Arria mīlitēs ōrābat ut
simul impōnerētur. 'nōnne' inquit 'dabitis cōnsulārī virō   20
servōs aliquōs, quōrum ē manū cibum capiat, ā quibus
vestiātur, ā quibus calciētur? omnia haec ego sōla praestābō.'
nōn impetrāvit: condūxit piscātōriam nāviculam,
ingentemque nāvem minimā secūta est.
    deinde apud Claudium uxōrī Scrībōniānī, cum illa   25
profiterētur indicium, 'egone' inquit 'tē audiam, cuius in
gremiō Scrībōniānus occīsus est, et vīvis?' ex quō
manifestum est eī cōnsilium pulcherrimae mortis nōn
subitum fuisse. quīn etiam, cum Thrasea gener eius
dēprecārētur nē morī pergeret, interque alia dīxisset: 'vīs   30
ergō fīliam tuam, sī mihi pereundum fuerit, morī mēcum?',
respondit: 'sī tam diū tantāque concordiā vīxerit tēcum
quam ego cum Paetō, volō.' auxerat hōc respōnsō cūram
suōrum; dīligentius custōdiēbātur; hoc sēnsit et 'nihil agitis'
inquit; 'potestis enim efficere ut male moriar, ut nōn moriar   35
nōn potestis.' dum haec dīcit, exsiluit ē sēde adversōque
mūrō caput ingentī impetū impēgit et dēcidit. fōcilāta
'dīxeram' inquit 'vōbīs mē inventūram esse quamlibet
dūram ad mortem viam, sī vōs facilem negāvissētis.' valē.

praeclārum: praeclārus remarkable
quidem indeed
factum, n. deed
praeclārum (fuit) factum eiusdem
  (fēminae)
stringere draw
perfodere pierce, stab

pectus, n. breast
pugiōnem: pugiō, m. dagger
porrigere hold out, offer
15 vōcem: vōx, f. *here* = words
dīvīnam: dīvīnus divine, god-like
dolet: dolēre hurt

arma, n.pl. arms, war
Illyricō: Illyricum, n. Illyria (a
  province to the east of the
  Adriatic Sea)
mōverat: movēre *here* = take up
  (arms)
in partibus involved in the
  conspiracy
ascēnsūrus: ascendere go on board
20 simul at the same time
impōnerētur: impōnere *here* = put
  on board
cōnsulārī: cōnsulāris of consular
  rank, i.e. an ex-consul
vestiātur: vestīre dress
calciētur: calciāre shoe
praestābō: praestāre take care of
impetrāvit: impetrāre succeed, get
  permission
piscātōriam nāviculam: piscātōria
  nāvicula, f. small fishing boat
  minimā (nāve)
25 apud + accusative in the presence of
illa she (Scribonianus' wife)
profiterētur: profitērī volunteer
indicium, n. information, evidence
  (against her husband's associates)
gremiō: gremium, n. lap

manifestum: manifestus clear
subitum: subitus sudden, impulsive
quīn etiam indeed
Thrasea, m. Thrasea Paetus
gener, m. son-in-law
30 dēprecārētur nē begged (her) not to
pergeret: pergere proceed, *here* =
  carry out her resolve
concordiā: concordia, f. harmony
auxerat: augēre increase
respōnsō: respōnsum, n. answer
suōrum: suī, m.pl. her household
agitis: agere accomplish
35 male *here* = painfully
(efficere) nōn potestis
exsiluit: exsilīre leap out
adversō: adversus opposite
impetū: impetus, m. *here* = force,
  violence
impēgit: impingere dash against
adversō...mūrō caput...impēgit she
  ran her head full tilt against the
  wall
fōcilāta: fōcilāre resuscitate, revive
quamlibet however, no matter how
negāvissētis: negāre deny
facilem (ad mortem viam)

Calpurnia

Shortly after his marriage to Calpurnia Pliny writes this letter to her aunt, Hispulla, praising the qualities of both women.

C. Plīnius Calpurniae Hispullae suae S.

tū ipsa es pietātis exemplum, frātremque optimum et amantissimum tuī parī amōre dīligēbās; fīliamque eius ut tuam dīligis, nec tantum amitae amōrem eī praestās, vērum etiam patris mortuī. sine dubiō igitur maximē gaudēbis cum cognōveris illam dignam patre, dignam tē, dignam avō esse.   5

summum est eius acūmen, summa frūgālitās. amat mē, quod indicium castitātis est. praetereā litterīs studet propter amōrem meī. meōs libellōs habet lectitat ēdiscit etiam. quantā sollicitūdine afficitur cum videor āctūrus esse, quantō 10 gaudiō cum ēgī! dispōnit quī nūntient sibi quem adsēnsum quōs clāmōrēs excitāverim, quem ēventum iūdiciī tulerim. eadem, sī quandō recitō, in proximō discrēta vēlō sedet, laudēsque nostrās avidissimīs auribus excipit. versūs quidem meōs cantat etiam, fōrmatque citharā, nōn artifice 15 aliquō docente, sed amōre quī magister est optimus.

hīs ex causīs in spem certissimam addūcor perpetuam nōbīs maiōremque in diēs futūram esse concordiam. nōn enim aetātem meam aut corpus, quae paulātim occidunt ac senēscunt, sed glōriam dīligit. nihil aliud decet fēminam 20 tuīs manibus ēdūcātam tuīsque praeceptīs īnstitūtam, quae nihil nisi sānctum honestumque in contuberniō tuō vīderit, quae dēnique amāre mē ex tuā praedicātiōne cōnsuēverit. nam mātrem meam ut fīlia dīlēxistī, mēque ā pueritiā solēbās fōrmāre ac laudāre, tālemque quālis nunc uxōrī 25 meae videor, ōminārī. tibi igitur grātiās agimus, ego quod illam mihi, illa quod mē sibi dederīs, quasi invicem ēlēgerīs. valē.

pietātis: pietās, f. devotion, family
  loyalty
exemplum, n. model
amantissimum tuī very fond of you
parī: par equal
amitae: amita, f. aunt
vērum but
(amōrem) patris mortuī
5 dignam: dignus + ablative worthy of
  avō: avus, m. grandfather
acūmen, n. shrewdness
frūgālitās, f. thriftiness
castitātis: castitās, f. virtue
litterīs: litterae, f.pl. literature
studet: studēre + dative take an
  interest in, study
propter + accusative because of
libellōs: libellus, m. (little) book
lectitat: lectitāre read again and again
ēdiscit: ēdiscere learn by heart
10 sollicitūdine: sollicitūdō, f. anxiety
āctūrus: agere *here* = plead in court
dispōnit: dispōnere organise, post
dispōnit (eōs) quī nūntient
adsēnsum: adsēnsus, m. approval
ēventum: ēventus, m. verdict, result
iūdiciī: iūdicium, n. trial
sī quandō whenever
recitō: recitāre read aloud
in proximō nearby
discrēta: discernere screen
vēlō: vēlum, n. curtain
laudēs: laus, f. praise
nostrās = meās
avidissimīs: avidus eager
excipit: excipere listen to
versūs: versus, m. verse

15 fōrmat: fōrmāre shape, guide, *here* =
  set to music
citharā: cithara, f. lyre
artifice: artifex, m. teacher, *here* =
  professional musician
causīs: causa, f. reason
certissimam: certus certain
addūcor: addūcere bring
perpetuam: perpetuus everlasting
in diēs from day to day
concordiam futūram esse perpetuam
  nōbīs maiōremque in diēs
aetātem: aetās, f. age
paulātim gradually
occidunt: occidere decline
20 senēscunt: senēscere grow old
glōriam: glōria, f. high reputation
ēdūcātam: ēdūcāre bring up
praeceptīs: praeceptum, n. precept,
  principle
īnstitūtam: īnstituere train
sānctum: sānctus pure
honestum: honestus decent
contuberniō: contubernium, n.
  company, household
praedicātiōne: praedicātiō, f. recom-
  mendation
cōnsuēverit: cōnsuēscere become
  accustomed
pueritiā: pueritia, f. boyhood
26 ōminārī predict
solēbās ōminārī (mē futūrum esse)
  tālem quālis...
ego (grātiās agō) quod illam
  mihi...dederīs
invicem for each other
quasi (nōs) invicem ēlēgerīs

Ummidia Quadrātilla

*Pliny writes to his young friend, Geminus, about the ex-
travagant lifestyle of Ummidia Quadratilla, who has just
died.*

C. Plīnius Geminō suō S.

Ummidia Quadrātilla paulō minus octōgēnsimō aetātis
annō dēcessit; erat fēmina usque ad novissimum morbum
viridis, cuius corpus compāctum et rōbustum erat, ultrā
mātrōnālem modum.

testāmentum eius erat optimum: relīquit hērēdēs ex   5
besse nepōtem, ex tertiā parte neptem. neptem vix nōvī,
nepōtem familiārissimē dīligō, iuvenem singulārem quem
etiam eī quōs sanguine nōn attingit tamquam propinquum
amant. nam prīmum, quamquam pulcherrimus erat, et
puer et iuvenis omnēs sermōnēs malignōrum vītāvit; deinde   10
intrā quārtum et vīcēnsimum annum marītus fuit et, sī deus
adnuisset, fuisset pater.

vīxit apud aviam dēlicātam sevērissimē et tamen
obsequentissimē. habēbat illa pantomīmōs fovēbatque,
effūsius quam decōrum erat fēminae nōbilī. hōs Quadrātus   15
nōn in theātrō, nōn domī spectābat, nec illa postulābat. cum
studia nepōtis suī mihi mandāret, dīxit sē solēre, ut fēminam
in illō ōtiō sexūs, laxāre animum lūsū calculōrum, solēre
spectāre pantomīmōs suōs, sed cum factūra esset alterutrum,
semper sē nepōtī suō imperāvisse ut abīret studēretque;   20
quod mihi nōn sōlum amōre facere sed etiam reverentiā
vidēbātur.

mīrāberis, et ego mīrātus sum: proximīs sacerdōtālibus
lūdīs, prōductīs in commissiōne pantomīmīs, cum simul
ego et Quadrātus theātrō ēgrederēmur, dīxit mihi: 'scīsne   25
mē hodiē prīmum vīdisse saltantem aviae meae lībertum?'

paulō a little
minus less
octōgēnsimō: octōgēnsimus eightieth
aetātis: aetās, f. age, life
dēcessit: dēcēdere die
usque ad + accusative continuously
  until, right up to
novissimum last
viridis vigorous
erat fēmina...viridis
compāctum: compāctus sturdy
rōbustum: rōbustus strong
ultrā mātrōnālem modum unusual
  in a woman, *lit.* beyond the
  manner of a woman
5 **ex besse** inheriting two-thirds
nepōtem: nepōs, m. grandson
neptem: neptis, f. granddaughter
familiārissimē: familiāriter closely,
  intimately
singulārem: singulāris remarkable
attingit: attingere be related to
propinquum: propinquus, m. relation
quem eī...amant
10 **sermōnēs: sermō, m.** *here* = gossip
malignōrum: malignus spiteful
intrā + accusative during
**quārtum et vīcēnsimum: quārtus et
  vīcēnsimus** twenty-fourth
adnuisset: adnuere approve, grant
aviam: avia, f. grandmother
dēlicātam: dēlicātus luxury-loving

sevērissimē: sevērē austerely
obsequentissimē: obsequenter
  deferentially, obediently
pantomīmōs: pantomīmus, m.
  pantomime actor
fovēbat: fovēre indulge, spoil
15 **effūsius: effūsē** lavishly
Quadrātus, m. Quadratus,
  Quadratilla's grandson
theātrō: theātrum, n. theatre
ut as (was natural for)
in illō ōtiō sexūs with typically
  nothing to do, *lit.* in that leisure of
  her sex
laxāre relax
lūsū calculōrum: lūsus calculōrum, m.
  game of draughts, playing of
  draughts
alterutrum: alteruter either of the two
21 **reverentiā: reverentia, f.** respect
mīrāberis: mīrārī be surprised, show
  admiration
proximīs: proximus most recent
**sacerdōtālibus lūdīs: sacerdōtālēs
  lūdī, m.pl.** sacerdotal games
  (dramatic shows staged by priests
  on entering office)
prōductīs: prōdūcere *here* = enter (for
  a contest)
commissiōne: commissiō, f. the
  opening event (of the games)
simul together

hoc nepōs.   at herclē aliēnissimī hominēs in honōrem
Quadrātillae (pudet mē dīxisse honōrem) adulātiōne in
theātrum cursitābant exsultābant plaudēbant mīrābantur:
deinde singulōs gestūs dominae cum canticīs reddēbant;   30
quī nunc minima lēgāta prō praemiō accipient ab hērēde,
quī eōs numquam spectābat.   valē.

Ivory relief of a pantomime performer

27 *hoc nepōs (dīxit)*

aliēnissimī hominēs complete strangers, *lit.* very unknown men

pudet mē I am ashamed, *lit.* it shames me

adulātiōne: adulātiō, f. fawning attention, flattery

cursitābant: cursitāre run about

exsultābant: exsultāre jump up

30 **singulōs: singulus** every, individual

gestūs: gestus, m. gesture

canticīs: canticum, n. song

reddēbant: reddere *here* = copy, imitate

lēgāta: lēgātum, n. bequest, legacy

prō + ablative as

persōnae nōn grātae

Pȳthius

Cicero wrote the *De Officiis* to guide his son towards living
a moral life. In it he told a number of stories which praised
those who lived honestly and criticised those who harmed
the interests of others for their own gain. This is one of his
stories.

C. Canius, eques Rōmānus, cum sē Syrācūsās contulisset,
dīcēbat sē hortulōs aliquōs emere velle, quō invītāre amīcōs
et ubi sē oblectāre sine interpellātōribus posset. quod cum
percrēbuisset, Pȳthius quīdam, quī argentāriam faciēbat
Syrācūsīs, eī dīxit sē hortōs habēre, nōn vēnālēs quidem sed   5
quibus Canius ūtī posset, sī vellet, ut suīs: et simul ad cēnam
hominem in hortōs invītāvit. cum ille prōmīsisset, tum
Pȳthius piscātōrēs ad sē convocāvit, et ab eīs petīvit ut ante
suōs hortulōs postrīdiē piscārentur, dīxitque quid eōs facere
vellet. ad cēnam tempore vēnit Canius. cumbārum ante   10
oculōs multitūdō; prō sē quisque, quod cēperat, adferēbat;
ante pedēs Pȳthiī piscēs dēiciēbantur. tum Canius 'quaesō'
inquit 'quid est hoc, Pȳthī? quārē tot piscēs, tot cumbae?' et
ille 'quid mīrum?' inquit 'quidquid est piscium Syrācūsīs
est in hōc locō.' incēnsus Canius cupiditāte contendit ā   15
Pȳthiō ut vēnderet. recūsāvit ille prīmō. tandem tamen
ēmit homo cupidus et dīves tantī, quantī Pȳthius voluit.
invītat Canius postrīdiē familiārēs suōs; venit ipse mātūrē;
cumbam nūllam videt. quaerit ā proximō vīcīnō num fēriae
piscātōrum essent. 'nūllae, quod sciam' inquit 'sed hīc   20
piscārī nūllī solent. itaque heri mīrābar quid accidisset.'
īrātissimus Canius; sed quid faceret?

persōnae: persōna, f. person, character
grātae: grātus acceptable
C. = Gāius
sē…contulisset: sē cōnferre travel
Syrācūsās: Syrācūsae, f.pl. Syracuse,
   a city in Sicily
hortulōs: hortulī, m.pl. small park or
   estate
aliquōs: aliquī some
sē oblectāre amuse oneself
interpellātōribus: interpellātor, m.
   interrupter
percrēbuisset: percrēbēscere become
   well-known
argentāriam faciēbat ran a bank
5 vēnālēs: vēnālis for sale
quidem however, admittedly
ūtī + ablative use
simul at the same time
prōmīsisset: prōmittere *here* = accept
   (an invitation)
piscātōrēs: piscātor, m. fisherman,
   angler
convocāvit: convocāre summon
piscārentur: piscārī fish
10 tempore on time, punctually

cumbārum: cumba, f. fishing boat
ante oculōs (erat) multitūdō
   cumbārum
prō sē quisque each (man) according
   to his ability
adferēbat: adferre bring
piscēs: piscis, m. fish
quaesō tell me, *lit.* I ask
mīrum: mīrus surprising, strange
quid (est) mīrum?
quidquid est piscium all the fish there
   are, *lit.* whatever there is of fish
15 cupiditāte: cupiditās, f. greed
contendit: contendere + ā + ablative
   beg
prīmō at first
cupidus greedy
homo cupidus…(hortulōs) ēmit
tantī, quantī for as much (money) as
mātūrē early
vīcīnō: vīcīnus, m. neighbour
fēriae, f.pl. holiday
20 *nūllae (fēriae sunt)*
quod *here* = as far as
mīrābar: mīrārī be surprised, wonder
Canius (erat) īrātissimus

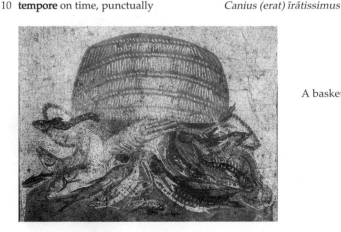

A basket of fish

Rēgulus

Regulus enjoyed a long career as an informer, first under
Nero and then under Domitian. Another of his specialities
was legacy-hunting, as in this story told by Pliny to his close
friend Calvisius.

C. Plīnius Calvisiō suō S.
assem parā et accipe auream fābulam, fābulās immō; nam
mē priōrum nova admonuit, nec rēfert ā quā incipiam.
Vērānia graviter iacēbat: ad hanc Rēgulus vēnit. prīmum
impudentiam hominis, quī vēnerit ad aegram, cuius marītō
inimīcissimus, ipsī invīsissimus fuerat! estō, sī vēnit tantum;   5
at ille etiam proximus torō sēdit; quō diē, quā hōrā nāta esset
interrogāvit. ubi audīvit, compōnit vultum, intendit oculōs,
movet labra, agitat digitōs, computat. nihil. ubi diū miseram
exspectātiōne suspendit, 'habēs' inquit 'clīmactēricum
tempus sed ēvādēs. quod ut tibi magis liqueat, haruspicem   10
cōnsulam, quem frequenter expertus sum.' sine morā
sacrificium facit, affirmat exta cum sīderum significātiōne
congruere. illa, ut in perīculō crēdula, poscit testāmentum,
lēgātum Rēgulō scrībit. mox ingravēscit, clāmat moriēns
hominem scelestum perfidumque ac plūs etiam quam   15
periūrum esse, quī sibi per salūtem fīliī pēierāvisset. facit
hoc Rēgulus nōn minus scelerātē quam frequenter, quod
īram deōrum, quōs ipse cotīdiē fallit, in caput īnfēlīcis puerī
dētestātur.

S. = salūtem (dīcit) send greetings to
assem: ās, m. penny
immō rather
priōrum: prior *here* = earlier
admonuit: admonēre remind of
nova (fābula) mē priōrum
(fābulārum) admonuit
rēfert it matters
ā quā (fābulā)
Vērānia, f. Verania, a rich widow
iacēbat: iacēre *here* = lie ill
prīmum first, firstly
impudentiam: impudentia, f.
impudence, shamelessness
5 **invīsissimus: invīsus** hateful,
detested
(Rēgulus) fuerat inimīcissimus
marītō (et) invīsissimus
(Vērāniae) ipsī
estō it would have been enough, *lit.*
let it be
torō: torus, m. bed
interrogāvit: interrogāre ask
intendit oculōs he stared intently,
lit. he stretched his eyes
labra: labrum, n. lip
agitat: agitāre move quickly
digitōs: digitus, m. finger
computat: computāre count, make
calculations
agitat digitōs (et) computat

exspectātiōne: exspectātiō, f. expectation, suspense
suspendit: suspendere keep (in
suspense)
clīmactēricum: clīmactēricus dangerous, critical
10 **ēvādēs: ēvādere** survive, recover
magis more
liqueat: liquēre be clear
frequenter frequently
expertus sum: experīrī try, use
morā: mora, f. delay
sacrificium, n. sacrifice
affirmat: affirmāre declare
exta, n.pl. entrails
sīderum: sīdus, n. star
significātiōne: significātiō, f. sign,
indication, meaning
congruere agree
ut *here* = as you might expect
crēdula: crēdulus credulous, ready to
believe
lēgātum, n. legacy
ingravēscit: ingravēscere grow worse
16 **periūrum: periūrus** perjured, oath-
breaking
pēierāvisset: pēierāre perjure oneself,
swear a false oath
minus less
scelerātē wickedly
fallit: fallere cheat, elude, deceive
dētestātur: dētestārī call down

Vellēius Blaesus, ille dīves cōnsulāris, novissimā 20
valētūdine cōnflictābātur: cupiēbat mūtāre testāmentum.
Rēgulus, quī spērābat aliquid ex novō testāmentō, quia
nūper captāre eum coeperat, medicōs hortārī et rogāre ut
quōquō modō vītam hominis prōrogārent. postquam
signātum est testāmentum, mūtat persōnam, vertit 25
adlocūtiōnem eīsdemque medicīs, 'quōusque' inquit
'miserum cruciātis? cūr invidētis bonā morte, cui dare
vītam nōn potestis?' moritur Blaesus et, tamquam omnia
audīvisset, Rēgulō nē tantulum quidem.

Semprōnia

The historian Sallust wrote an account of the revolutionary
conspiracy of Catiline in 63 BC. After giving details of the
men involved in the conspiracy, he proceeded to describe
the few women to take part.

sed in eīs erat Semprōnia, quae multa facinora virīlis audāciae
saepe commīserat. haec fēmina genere atque fōrmā, marītō
atque līberīs, satis fortūnāta fuit; litterīs Graecīs et Latīnīs
docta, potuit psallere et saltāre ēlegantius quam necesse est
fēminae probae, multaque alia facere quae īnstrūmenta 5
luxuriae sunt. sed eī semper fuērunt cāriōra omnia quam
decus atque pudīcitia; haud facile discernerēs, utrum
pecūniae an fāmae minus parceret; libīdine sīc accēnsa est,
ut saepius peteret virōs quam peterētur. sed ea saepe
antehāc fidem prōdiderat, crēditum abiūrāverat, caedis 10
cōnscia fuerat. ingenium tamen eius haud absurdum: potuit
versūs facere, iocum movēre, sermōne ūtī vel modestō vel
mollī vel procācī; prōrsus multae facētiae multusque lepōs
inerat.

20 cōnsulāris, m. ex-consul
novissimā: novissimus extreme,
terminal
valētūdine: valētūdō, f. illness
cōnflictābātur: cōnflictārī be afflicted
mūtāre change
captāre court, cultivate, try to win
the favour of
quōquō: quisquis any, any whatever
prōrogārent: prōrogāre prolong
25 signātum est: signāre sign, seal
mūtat persōnam he changes his tune

vertit: vertere *here* = alter
adlocūtiōnem: adlocūtiō, f. tone, way
of speaking to someone
quōusque? how long?
cruciātis: cruciāre torture
invidētis: invidēre + ablative
begrudge
cūr (eī) invidētis...cui
tamquam *here* = as if
tantulum, n. the least amount,
anything at all
nē tantulum quidem (lēgāvit = left)

virīlis masculine, manly
commīserat: committere commit
genere: genus, n. birth
fōrmā: fōrma, f. beauty
fortūnāta: fortūnātus fortunate
litterīs: litterae, f.pl. literature
Graecīs: Graecus Greek
Latīnīs: Latīnus Latin
psallere play the lyre
ēlegantius: ēleganter gracefully
5 probae: probus honest, decent
īnstrūmenta: īnstrūmentum, n.
means, contributory factor
multaque alia facere (potuit)
luxuriae: luxuria, f. extravagance,
profligacy
omnia fuērunt cāriōra eī
decus, n. modesty, repute
pudīcitia, f. chastity
discernerēs you could tell
an or
fāmae: fāma, f. reputation
utrum pecūniae an fāmae minus
parceret whether she was more
reckless with her money or her
good name, *lit.* whether she was

less sparing of her money or her
good name
libīdine: libīdō, f. lust, passion
accēnsa est: accendere inflame, arouse
10 antehāc before this time
prōdiderat: prōdere betray, break
(one's word)
crēditum, n. loan
abiūrāverat: abiūrāre renege on,
refuse to repay
caedis: caedēs, f. murder
cōnscia: cōnscius + genitive implicated in, guilty of
ingenium, n. ability
absurdum: absurdus worthless,
insignificant
haud absurdum (fuit)
versūs: versus, m. verse
movēre *here* = make
ūtī + ablative use, engage in
modestō: modestus modest
mollī: mollis tender
procācī: procāx wanton, saucy
prōrsus in short
facētiae, f.pl. wit
lepōs, m. charm
inerat: inesse be in

Clōdia

Cicero defended Caelius on a charge of attempting to poison his former mistress, Clodia, a talented society beauty with a notorious reputation. She probably brought the charge against Caelius out of spite because he had broken off his two-year affair with her. At this point in his defence, Cicero makes a series of counter-accusations against Clodia in order to blacken her character and show the innocence of his client.

cum ex nōbilī genere in familiam clārissimam nūpsissēs,
cūr tibi Caelius tam coniūnctus fuit? neque enim cognātus
fuit neque marītī tuī amīcus. quid igitur fuit nisi quaedam
temeritās ac libīdō? accūsātōrēs quidem libīdinēs, amōrēs,
adulteria, Bāiās, convīvia, cantūs, nāvigia iactant;   5
affirmantque sē nihil tē invītā dīcere. hās accūsātiōnēs, quās
tū īnsānē in forum inque iūdicium dēferrī voluistī, aut
refūtāre tē oportet aut fatērī nihil crēdendum esse neque
crīminī tuō neque testimōniō.
    vīcīnum iuvenem cōnspexistī; candor eius tē et prōcēritās,   10
vultus oculīque pepulērunt; saepius vidēre voluistī; fuistī
nōn numquam in eīsdem hortīs; tū, fēmina nōbilis, vīs illum
fīlium patris parcī ac tenācis habēre tuīs dīvitiīs dēvīnctum;
nōn potes; calcitrat, respuit, nōn putat tua dōna esse tantī;
cōnfer tē aliō. ēmistī hortōs prope Tiberim, in eō locō quō   15
omnēs iuvenēs natandī causā veniunt. hinc licet condiciōnēs
cotīdiē legās; cūr huic, quī tē spernit, molesta es?

genere: **genus, n.** family
familiam: **familia, f.** household
nūpsissēs: **nūbere** marry
coniūnctus intimate
cognātus, m. relative, kinsman
temeritās, f. recklessness
accūsātōrēs: **accūsātor, m.** accuser
    (i.e. of Caelius)
quidem indeed
amōrēs, m.pl. love affairs
5 adulteria: **adulterium, n.** adultery,
    adulterous relationship
Bāiās: **Bāiae, f.pl.** Baiae, a seaside
    resort near Naples with a reputa-
    tion for debauchery
convīvia: **convīvium, n.** banquet,
    party
cantūs: **cantus, m.** concert
nāvigia: **nāvigium, n.** pleasure boat
iactant: **iactāre** *here* = allege
affirmant: **affirmāre** declare
accūsātiōnēs: **accūsātiō, f.** accusation
iūdicium, n. court, trial
dēferrī: **dēferre** report
aut...aut either...or
refūtāre disprove, refute
fatērī admit
crīminī: **crīmen, n.** accusation

testimōniō: **testimōnium, n.** evidence
10 vīcīnum: **vīcīnus** neighbouring, from
    next door
candor, m. beauty
prōcēritās, f. height
pepulērunt: pellere strike, impress,
    here pepulērunt = swept (you) off
    (your) feet
nōn numquam sometimes
parcī: **parcus** miserly
tenācis: **tenāx** stingy
dēvīnctum: **dēvincīre** bind, fetter
calcitrat: **calcitrāre** kick, resist
respuit: **respuere** spit out, reject
putat: **putāre** consider
tantī worth so much, worth it
15 cōnfer: **cōnferre** take
aliō somewhere else
Tiberim = accusative: Tiberis, m. River
    Tiber
natandī: **natāre** swim
natandī causā to swim, *lit.* for the sake
    of swimming
hinc from here
licet...legās you may choose, pick up
condiciōnēs: **condiciō, f.** proposal,
    proposition

Villa by the seaside

Druidēs

Julius Caesar encountered the Druids during his conquest of Gaul from 58 to 49 BC. They were priests recruited mainly from the nobility and they were the only men powerful enough to organise opposition to Roman rule throughout the Celtic tribes.

The power of the Druids

Druidēs rēbus dīvīnīs intersunt, sacrificia pūblica ac prīvāta prōcūrant, religiōnēs interpretantur: ad hōs magnus numerus adulēscentium discendī causā concurrit, magnōque hī sunt apud eōs honōre. nam ferē dē omnibus contrōversiīs pūblicīs prīvātīsque cōnstituunt, et, sī quod   5
facinus admissum est, sī caedēs facta, sī dē hērēditāte, dē fīnibus contrōversia est, Druidēs rem dēcernunt, praemia poenāsque cōnstituunt. sī quis aut prīvātus aut pūblicus eōrum dēcrētō nōn stetit, sacrificiīs interdīcunt: haec poena apud eōs est gravissima. eī quibus ita interdictum est   10
numerō impiōrum ac scelestōrum habentur; eīs omnēs dēcēdunt, aditum sermōnemque fugiunt, nē quid ex contāgiōne incommodī accipiant; neque eīs petentibus iūs redditur neque honōs ūllus datur. hīs autem omnibus Druidibus praeest ūnus, quī summam inter eōs habet   15
auctōritātem. hōc mortuō, aut is quī ex reliquīs excellit dignitāte succēdit, aut, sī sunt multī parēs, suffrāgiō Druidum, nōnnumquam etiam armīs, dē prīncipātū contendunt. disciplīna eōrum in Britanniā reperta atque inde in Galliam trānslāta esse exīstimātur, et nunc eī, quī   20
dīligentius eam rem cognōscere volunt, plērumque in Britanniam discendī causā proficīscuntur.

Druidēs, m.pl. Druids
dīvīnīs: dīvīnus divine
intersunt: interesse + dative be
  concerned with
sacrificia: sacrificium, n. sacrifice
prīvāta: prīvātus private
prōcūrant: prōcūrāre look after
religiōnēs: religiō, f. religious
  questions, religious belief,
  reverence
interpretantur: interpretārī explain
ad hōs (Druidēs)
adulēscentium: adulēscēns, m.
  young man
discendī causā to learn, *lit.* for the
  sake of learning
concurrit: concurrere assemble, flock
hī (Druidēs)
magnō...honōre
ferē almost
5 **contrōversiīs: contrōversia, f.** dispute
sī quod if any
admissum est: admittere commit
caedēs, f. murder
hērēditāte: hērēditās, f. inheritance
finibus: fīnēs, m.pl. land, boundaries
dēcernunt: dēcernere decide, settle
sī quis if anyone
aut...aut either...or
dēcrētō: dēcrētum, n. decision
stetit: stāre + ablative stand by,
  obey
interdīcunt: interdīcere + ablative
  ban from
11 **impiōrum: impius** impious, wicked
habentur: habēre reckon, consider
dēcēdunt: dēcēdere + dative avoid
aditum: aditus, m. approach
contāgiōne: contāgiō, f. contact

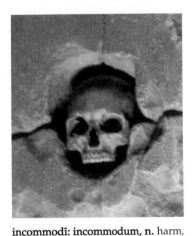

incommodī: incommodum, n. harm,
  misfortune
nē quid incommodī accipiant in case
  they receive any harm
iūs, n. justice
honōs = honor
ūllus any
15 *summam...auctōritātem*
reliquīs: reliquus the rest
excellit: excellere excel, stand out
succēdit: succēdere succeed
parēs: pār equal
suffrāgiō: suffrāgium, n. vote
nōnnumquam sometimes
armīs: arma, n.pl. weapons, war
prīncipātū: prīncipātus, m. leadership,
  top position
contendunt: contendere here = compete
disciplīna, f. rule of life, training
reperta (esse): reperīre discover, invent
20 **inde** from there
Galliam: Gallia, f. Gaul
trānslāta esse: trānsferre transfer,
  spread
exīstimātur: exīstimāre think
plērumque for the most part, generally

Their education

Druidēs ā bellō abesse solent neque tribūta ūnā cum reliquīs
pendunt; mīlitiae vacātiōnem omniumque rērum
immūnitātem habent. tantīs praemiīs excitātī et suā sponte   25
multī in disciplīnam conveniunt et ā parentibus
propinquīsque mittuntur. magnum ibi numerum versuum
ēdiscere dīcuntur; itaque nōnnūllī vīgintī annōs in disciplīnā
permanent. neque fās esse exīstimant hōs versūs litterīs
mandāre, cum in reliquīs ferē rēbus Graecīs litterīs ūtantur.   30
id mihi duābus dē causīs īnstituisse videntur, quod neque
in vulgum disciplīnam efferrī velint, neque eōs, quī discunt,
litterīs cōnfīsōs minus memoriae studēre. in prīmīs hoc
volunt persuādēre, animās nōn perīre, sed ab aliīs post
mortem trānsīre ad aliōs, atque hōc maximē hominēs ad   35
virtūtem excitārī putant metū mortis neglēctō. multa
praetereā dē sīderibus atque eōrum mōtū, dē mundī ac
terrārum magnitūdine, dē rērum nātūrā, dē deōrum
immortālium vī ac potestāte disputant et iuventūtī trādunt.

Their religion

nātiō omnis Gallōrum est magnopere dēdita religiōnibus,   40
atque ob eam causam eī, quī sunt affectī graviōribus morbīs
quīque in proeliīs perīculīsque versantur, aut prō victimīs
hominēs immolant aut sē immolātūrōs esse vovent
administrīsque ad ea sacrificia Druidibus ūtuntur, quod,
nisi prō vītā hominis reddātur hominis vīta, nōn posse   45
deōrum immortālium nūmen plācārī arbitrantur: pūblicēque
eiusdem generis habent īnstitūta sacrificia. aliī simulācra
ingentī magnitūdine habent, quōrum membra vīminibus
contexta vīvīs hominibus complent; simulācrīs incēnsīs

abesse *here* = be exempt from
tribūta: tribūtum, n. tribute
ūnā cum together with
pendunt: pendere pay
mīlitiae: mīlitia, f. military service
vacātiōnem: vacātiō, f. exemption
25 immūnitātem: immūnitās, f. exemption, freedom from
suā sponte of their own accord
in disciplīnam for training
propinquīs: propinquus, m. relation
versuum: versus, m. verse
ēdiscere learn by heart
permanent: permanēre remain
fās right
litterīs: litterae, f.pl. letters, writing
30 cum although
Graecīs: Graecus Greek
ūtantur: ūtī + ablative use
dē + ablative because of, for
causīs: causa, f. reason
īnstituisse: īnstituere begin, establish
vulgum: vulgus, m. general public
efferrī: efferre make known, spread

cōnfīsōs: cōnfīsus relying on
minus less
memoriae: memoria, f. memory
studēre + dative pay attention to
neque (velint) eōs...studēre
in prīmīs especially
hoc...persuādēre persuade (people) of this
animās: anima, f. soul
ab aliīs...ad aliōs from one to another
35 hōc by means of this (belief)
putant: putāre think
neglēctō: neglegere disregard, ignore
sīderibus: sīdus, n. star
mōtū: mōtus, m. motion
mundī: mundus, m. universe, world
terrārum = orbis terrārum world, earth
magnitūdine: magnitūdō, f. size
nātūrā: nātūra, f. nature
vī: vīs, f. power, might
disputant: disputāre discuss
multa...disputant et trādunt
iuventūtī: iuventūs, f. young people

40 nātiō, f. nation
Gallōrum: Gallī, m.pl. the Gauls
dēdita: dēditus devoted, attached
ob + accusative because of, for
proeliīs: proelium, n. battle
versantur: versārī be engaged, be occupied
prō + ablative in place of, as, for
victimīs: victima, f. victim
immolant: immolāre sacrifice
vovent: vovēre vow
administrīs: administer, m. assistant
46 nūmen, n. divine power, will of the gods

plācārī: plācāre appease, propitiate
arbitrantur: arbitrārī think, believe
quod...arbitrantur
pūblicē publicly, in the name of the state
generis: genus, n. kind, sort
īnstitūta: īnstituere establish
simulācra: simulācrum, n. figure, image
membra: membrum, n. limb, *here* = body
vīminibus: vīmen, n. branch
contexta: contextus woven

hominēs flammā circumventī pereunt. supplicia eōrum quī   50
in fūrtō aut in latrōciniō aut aliquā noxiā sint comprehēnsī
grātiōra deīs immortālibus esse arbitrantur; sed, cum cōpia
eius generis dēfēcit, etiam ad innocentium supplicia
dēscendunt.

Gateway
of a Celtic
sanctuary
in Gaul

The Druids' last stand

More than a hundred years after Caesar's visit, at the time
of Boudica's revolt, the Roman governor of Britain, Suetonius
Paulinus, planned to conquer the island of Anglesey, which
had given sanctuary to many enemies of Roman rule and
was also an important centre of Druidism. This account is
given by the historian Tacitus.

Suētōnius igitur Mōnam īnsulam, incolīs validam et
receptāculum perfugārum, aggredī parat: nāvibus peditēs,
equitēs vadō secūtī aut adnantēs equīs trānsiērunt. stābat
prō lītore dīversa aciēs, dēnsa armīs virīsque,
intercursantibus fēminīs; quae in modum Furiārum veste   5
fērālī, crīnibus dēiectīs facēs praeferēbant; Druidēsque
circum, precēs dīrās sublātīs ad caelum manibus fundentēs,
novitāte aspectūs perculērunt mīlitēs ut quasi haerentibus
membrīs immōbile corpus vulneribus praebērent. deinde
hortante duce et sē ipsī stimulantēs nē muliebre et fānāticum   10

50 **supplicia: supplicium, n.** execution
   fūrtō: fūrtum, n. theft
   latrōciniō: latrōcinium, n. robbery
   aliquā: aliquī some
   noxiā: noxia, f. offence
   sint comprehēnsī: comprehendere
      catch, detect

grātiōra: grātus pleasing
supplicia... grātiōra
cōpia, f. supply
dēfēcit: dēficere fail, run out
innocentium: innocēns innocent

Mōnam: Mōna, f. Anglesey
incolīs: incola, m. inhabitant
validam: validus strong, *here* = well-
   supplied
receptāculum, n. refuge
perfugārum: perfuga, m. deserter
aggredī attack
īnsulam...aggredī parat
peditēs, m.pl. infantry
vadō: vadum, n. shallow water
adnantēs: adnāre swim alongside
prō lītore on the shore
dīversa: dīversus hostile
aciēs, f. battle-line
5 **intercursantibus: intercursāre** run
   about among (them)
in modum + genitive in the manner
   of
Furiārum: Furiae, f.pl. Furies,
   goddesses of revenge
veste: vestis, f. clothing

fērālī: fērālis funereal, i.e. black
crīnibus: crīnēs, m.pl. hair
dēiectīs: dēiectus loose, dishevelled
praeferēbant: praeferre carry in front,
   brandish
novitāte: novitās, f. strangeness
aspectūs: aspectus, m. sight, appearance
perculērunt: percellere overawe
Druidēs, precēs...fundentēs, mīlitēs
   perculērunt
haerentibus: haerēre *here* = be
   paralysed
immōbile: immōbilis immobile,
   motionless
praebērent: praebēre *here* = expose
10 **stimulantēs: stimulāre** urge on
muliebre: muliebris composed of
   women
fānāticum: fānāticus fanatical,
   raving

agmen timērent, īnferunt signa sternuntque obviōs et ignī
suō involvunt. praesidium posthāc impositum est victīs
excīsīque sunt lūcī saevīs superstitiōnibus sacrī: nam Druidēs
cruōre captīvō adolēre ārās et hominum fibrīs cōnsulere
deōs fās habēbant.   15

Mistletoe

Pliny the Elder, uncle of Pliny the letter-writer, wrote a long
work on science and nature; the following extract comes
from an eight-volume section on botany.

Druidēs - ita Gallī suōs appellant magōs - nihil habent
sacrātius viscō et arbore in quā gignitur, sī modo sit rōbur.
iam lūcōs rōborum per sē ēligunt, nec ūlla sacra sine eārum
fronde cōnficiunt. tum vērō quidquid in rōbore gignitur ē
caelō missum putant signumque esse ēlēctae ab ipsō deō   5
arboris. rārō autem viscum in rōbore invenītur et repertum
magnā religiōne petitur et ante omnia sextā lūnā (quae
prīncipia mēnsium annōrumque inter Gallōs facit). lūnam
'omnia sānantem' appellantēs suō vōcābulō, sacrificiō
epulīsque rīte sub arbore parātīs, duōs candidōs taurōs   10
admovent, quōrum cornua tum prīmum vinciantur.
sacerdōs candidā veste cultus arborem scandit, falce aureā
viscum dēmetit, candidō id excipitur sagō. dēnique victimās
immolant, precantēs ut suum dōnum deus prosperum faciat
eīs quibus dederit. viscō pōtō fēcunditātem darī animālibus   15
sterilibus arbitrantur, contrāque omnia venēna esse remediō:
tanta gentium religiō in rēbus frīvolīs plērumque est.

īnferunt: **īnferre** carry onwards
signa: signum, n. standard
sternunt: sternere cut down
obviōs: obvius in the way
ignī: ignis, m. fire
involvunt: involvere envelop
praesidium, n. garrison
posthāc after this
excīsī...sunt: excīdere cut down

lūcī: lūcus, m. sacred grove, wood
superstitiōnibus: superstitiō, f. rite
sacrī: sacer sacred, dedicated
lūcī...sacrī excīsī...sunt
cruōre: cruor, m. spilt blood
adolēre make offerings on
fibrīs: fibrae, f.pl. entrails
15 **fās habēbant: fās habēre** think it right

magōs: magus, m. magician
sacrātius: sacrātus sacred
viscō: viscum, n. mistletoe
arbore: arbor, f. tree
gignitur: gignī grow
sī modo provided that
rōbur, n. oak
iam *here* = indeed, even
per sē for their own sake
sacra, n.pl. sacred rites
eārum (arborum)
fronde: frōns, f. foliage
cōnficiunt: cōnficere perform, make
vērō indeed
quidquid whatever
6 **rārō** rarely
repertum: reperīre find
petitur: petere *here* = gather
ante omnia especially
sextā lūnā on the sixth day of the
new moon
prīncipia: prīncipium, n. beginning
mēnsium: mēnsis, m. month
facit: facere *here* = represent, constitute
sānantem: sānāre heal
suō vōcābulō in their own language,
lit. with their own expression
10 **epulīs: epulae, f.pl.** feast
sacrificiō epulīsque...parātīs

rīte solemnly
candidōs: candidus white
taurōs: taurus, m. bull
admovent: admovēre bring forward
cornua: cornū, n. horn
cultus dressed
scandit: scandere climb
falce: falx, f. sickle
dēmetit: dēmetere cut down
excipitur: excipere *here* = catch
sagō: sagum, n. cloak
prosperum: prosperus propitious
15 **pōtō: potāre** drink
viscō pōtō by drinking the juice of the
mistletoe berries, *lit.* the mistletoe
having been drunk
fēcunditātem: fēcunditās, f. fertility
animālibus: animal, n. animal
sterilibus: sterilis barren
gentium: gēns, f. race, people,
mankind
frīvolīs: frīvolus trivial
tanta gentium religiō in rēbus frīvolīs
plērumque est so powerful is the
superstition concerning trivial
matters that frequently prevails
among peoples of the world, *lit.* so
great generally is the superstition
of peoples in trivial things

tumultus et rebelliō

The riot at Pompeii

In AD 59, a gladiatorial show in the amphitheatre at Pompeii was being watched by citizens of both Pompeii and neighbouring Nuceria. The two groups became rivals in their support of the gladiators and started hurling first abuse and then missiles at each other; by the end, many Nucerians were wounded or killed. This account is given by the historian Tacitus.

sub idem tempus ātrōx caedēs levī initiō orta est inter Nūcerīnōs Pompēiānōsque gladiātōriō spectāculō quod Līvinēius Rēgulus ēdēbat. oppidānī enim solitā lascīviā in vicem incessēbant; probra, deinde saxa, postrēmō ferrum sūmpsērunt, validiōre Pompēiānōrum plēbe, apud quōs   5
spectāculum ēdēbātur. multī igitur ē Nūcerīnīs in Urbem dēportātī sunt, truncīs per vulnera corporibus, ac plūrimī līberōrum aut parentum mortēs dēflēbant. iūdicium huius reī prīnceps senātuī permīsit, senātus cōnsulibus. et rē ad patrēs rūrsus relātā, Pompēiānī eius modī coetū prohibitī   10
sunt in decem annōs; collēgiaque, quae contrā lēgēs īnstituerant, dissolūta sunt; Līvinēius et quī aliī sēditiōnem concīverant exiliō multātī sunt.

Graffito from
Pompeii about
the riot in the
amphitheatre

tumultus, m. riot
rebelliō, f. rebellion
sub + accusative *here* = about
ātrōx brutal, ghastly
caedēs, f. slaughter
levī: levis trivial
initiō: initium, n. beginning
orta est: orīrī arise, originate
Nūcerīnōs: Nūcerīnī, m.pl. people of
  Nuceria
Pompēiānōs: Pompēiānī, m.pl. people
  of Pompeii
gladiātōriō: gladiātōrius gladiatorial
Līvinēius Rēgulus, m. Livineius
  Regulus, a wealthy Pompeian
  recently removed from the Senate
  in Rome for misconduct
ēdēbat: ēdere present, stage
oppidānī, m.pl. townspeople
solitā: solitus usual, customary
lascīviā: lascīvia, f. obscenity,
  hooliganism
in vicem in turn, each other
incessēbant: incessere attack
probra: probrum, n. insult
5 **sūmpsērunt: sūmere** resort to
validiōre: validus strong
plēbe: plēbs, f. people
validiōre...plēbe = ablative absolute
in Urbem to Rome

dēportātī sunt: dēportāre carry off
truncīs: truncus mutilated, disfigured
aut or
dēflēbant: dēflēre mourn
iūdicium, n. judgement, decision
prīnceps, m. the emperor
senātuī: senātus, m. senate
permīsit: permittere refer
  prīnceps iūdicium huius reī senātuī
  permīsit
cōnsulibus: cōnsul, m. consul
  senātus (iūdicium huius reī)
  cōnsulibus (permīsit)
10 **patrēs, m.pl.** senators
relātā: referre refer (back)
eius modī of that kind
coetū: coetus, m. meeting, assembly
prohibitī sunt: prohibēre ban
in + accusative for
collēgia: collēgium, n. association,
  club
lēgēs: lēx, f. law
īnstituerant: īnstituere form, establish
dissolūta sunt: dissolvere dissolve
  aliī quī
sēditiōnem: sēditiō, f. disorder
concīverant: conciēre provoke
exiliō: exilium, n. exile
multātī sunt: multāre punish

Boudica's rebellion

In AD 60 Suetonius Paulinus, the Roman governor of
Britain, was engaged in the conquest of Anglesey. Boudica,
queen of the Iceni tribe in East Anglia, took advantage of the
absence of Suetonius to stage an uprising against the
harshness of Roman rule. Tacitus gives this account.

rēx Icenōrum Prasutagus, dīvitiīs diū clārus, Caesarem
hērēdem duāsque fīliās scrīpserat, tālī obsequiō ratus et
rēgnum et domum suam procul iniūriā futūram esse. quod
contrā vertit, adeō ut rēgnum ā centuriōnibus, domus ā
servīs velut capta vāstārentur. iam prīmum uxor eius   5
Boudica verberāta et fīliae stuprō violātae sunt: prīncipēs
omnēs Icēnōrum, quasi Rōmānī tōtam regiōnem mūnerī
accēpissent, avītīs bonīs exuuntur, et propinquī rēgis inter
servōs habēbantur. quā contumēliā et metū graviōrum
permōtī, quod in fōrmam prōvinciae cesserant, rapiunt   10
arma; commōtī sunt ad rebelliōnem Trinobantēs et quī aliī,
nōndum servitiō frāctī, recipere lībertātem occultīs
coniūrātiōnibus pepigerant. ācerrimum in veterānōs odium;
quī in colōniam Camulodūnum nūper dēductī pellēbant
domibus Trinobantēs, exturbābant agrīs, captīvōs vel servōs   15
appellābant; mīlitēsque superbiam saevitiamque
veterānōrum incitābant similitūdine vītae et spē eiusdem
licentiae. ad hoc, templum dīvō Claudiō exstrūctum quasi
arx aeternae dominātiōnis aspiciēbātur, ēlēctīque sacerdōtēs
speciē religiōnis omnēs fortūnās suās effundēbant. nec   20
difficile vidēbātur dēlēre colōniam nūllīs mūnīmentīs
saeptam; quod ducibus nostrīs parum prōvīsum erat, cum
amoenitātī prius quam ūsuī cōnsuluissent.

Icenōrum: Icenī, m.pl. the Iceni, a tribe in East Anglia
Prasutagus, m. Prasutagus, late king of the Iceni and husband of Boudica
Caesarem: Caesar, m. the emperor, Nero
(in testāmentō) scrīpserat
obsequiō: obsequium, n. submissiveness
ratus thinking
procul + ablative far from, safe from
contrā just the opposite
vertit: vertere *here* = turn out
5 velut just as if
vāstārentur: vāstāre plunder
iam prīmum to begin with
stuprō violātae sunt were raped, *lit.* were violated by rape
regiōnem: regiō, f. region
mūnerī: mūnus, n. gift
avītīs: avītus ancestral, inherited
bonīs: bona, n.pl. estates, possessions
exuuntur: exuere + ablative deprive of
propinquī: propinquus, m. relative
inter + accusative *here* = as, like
habēbantur: habēre treat
contumēliā: contumēlia, f. humiliation
graviōrum (iniūriārum)
10 fōrmam: fōrma, f. appearance, status
cesserant: cēdere be reduced
Trinobantēs, m.pl. the Trinobantes, a tribe living in Suffolk and Essex
quī aliī = aliī quī
nōndum not yet
servitiō: servitium, n. slavery
occultīs: occultus secret
pepigerant: pangere pledge oneself
ācerrimum: ācer bitter
veterānōs: veterānus, m. retired soldier

odium, n. hatred
colōniam: colōnia, f. settlement (of retired soldiers)
Camulodūnum, n. capital of the Trinobantes, now Colchester
dēductī: dēdūcere install, settle
pellēbant: pellere drive out
15 exturbābant: exturbāre forcibly expel
agrīs: ager, m. land, territory
superbiam: superbia, f. insolent behaviour
saevitiam: saevitia, f. violence, savagery
similitūdine: similitūdō, f. similarity
licentiae: licentia, f. licence, freedom to misbehave
ad hoc moreover
dīvō: dīvus divine
Claudiō: Claudius, m. Claudius, the Roman emperor who invaded Britain in AD 43
arx, f. citadel, stronghold, focal point
aeternae: aeternus eternal, never-ending
dominātiōnis: dominātiō, f. domination, tyranny
aspiciēbātur: aspicere regard, look upon
templum...aspiciēbātur
20 speciē: speciēs, f. pretence, guise
religiōnis: religiō, f. religious observance
mūnimentīs: mūnimentum, n. defensive wall, fortification
saeptam: saepīre protect, fortify, close off
parum too little
prōvīsum erat: prōvidēre consider, anticipate
amoenitātī: amoenitās, f. amenity, attractive appearance
ūsuī: ūsus, m. need, practical use
cōnsuluissent: cōnsulere + dative give thought to, pay attention to

The rebel forces fell upon Camulodunum and after a two-day siege captured and destroyed the town. The available units of the Ninth Legion, some 2000 men, marched south from Lincoln but were ambushed and massacred on the way. Boudica then moved on to hand out the same treatment to London and St Albans. Suetonius gathered together what troops he could quickly muster and set off by forced marches to give battle.

iam Suētōniō erant quārta decima legiō cum vexillāriīs
vīcēnsimae et ē proximīs auxiliārēs, decem fermē mīlia   25
armātōrum: contendere et aciē congredī parat. ēligitque
locum angustīs faucibus et ā tergō silvīs clausum; sciēbat
enim nihil hostium esse nisi in fronte, et apertam esse
plānitiem sine metū īnsidiārum.   igitur legiōnāriī
īnstrūctī sunt frequentēs ōrdinibus, levī armātūrā   30
circumstante; equitēs conglobātī prō cornibus adstitērunt.
at Britannōrum cōpiae passim per catervās et turmās
exultābant, tanta multitūdō quanta nōn aliās, et animō
adeō ferōcī ut coniugēs quoque testēs victōriae sēcum
traherent, plaustrīsque impōnerent quae ad extrēmam   35
plānitiem posuerant.

The battle begins.

ac prīmum legiō gradū immōta et angustiīs locī dēfēnsa,
postquam in appropinquantēs hostēs certō iactū tēla
exhauserat, tamquam cuneō ērūpit. auxiliārēs quoque
impetum faciunt; et equitēs prōtentīs hastīs perfringunt   40
quod obvium et validum erat. cēterī terga praebuērunt,

Suētōniō: Suētōnius, m. Suetonius
Paulinus, the Roman governor of
Britain
quārta decima: quārtus decimus
fourteenth
vexillāriīs: vexillāriī, m.pl. detachment
25 **vīcēnsimae: vīcēnsimus** twentieth
vīcēnsimae (legiōnis)
proximīs: proximum, n. neighbouring
area
auxiliārēs, m.pl. auxiliaries
fermē about
armātōrum: armātus, m. armed man
aciē congredī join battle
faucibus: faucēs, f.pl. defile
locum...clausum
fronte: frōns, f. front
plānitiem: plānitiēs, f. plain
legiōnāriī: legiōnārius, m. legionary
soldier
30 **frequentēs: frequēns** crowded
levī: levis lightly-armed

armātūrā: armātūra, f. troops
circumstante: circumstāre be stationed
around
conglobātī: conglobātus massed
together
prō cornibus on the wings
adstitērunt: adstāre stand by
Britannōrum: Britannī, m.pl. Britons
cōpiae, f.pl. troops
passim everywhere
per catervās in groups (of infantry)
turmās: turma, f. troop of cavalry
exultābant: exultāre rush about wildly
tanta...quanta as great...as
nōn aliās at no other time
tanta multitūdō quanta nōn aliās an
incredible number, an unpreced-
ented number
coniugēs: coniūnx, f. wife
victōriae: victōria, f. victory
sēcum with them
35 **extrēmam: extrēmus** the edge of

gradū: gradus, m. position
angustiīs: angustiae, f.pl. narrowness
certō: certus sure, accurate
iactū: iactus, m. aim
tēla: tēlum, n. javelin
exhauserat: exhaurīre use up
cuneō: cuneus, m. wedge-formation
ērūpit: ērumpere burst forth, charge

40 **prōtentīs: prōtentus** at full stretch
perfringunt: perfringere break
through
obvium: obvius in the way
perfringunt (id) quod...
cēterī (Britannī)
terga praebuērunt: terga praebēre
turn tail, flee

difficilī effugiō, quia circumiecta plaustra saepserant
abitūs. et mīlitēs nē fēminīs quidem parcēbant, cōnfīxaque
tēlīs etiam iūmenta corporum cumulum auxerant. eō diē
mīlitēs laudem clāram et parem antīquīs victōriīs   45
peperērunt: quippe sunt quī paulō minus quam octōgintā
mīlia Britannōrum cecidisse trādant, mīlitum quadringentīs
fermē interfectīs nec multō amplius vulnerātīs. Boudica
vītam venēnō fīnīvit.

The statue of Boudica by the Thames in London

effugiō: effugium, n. escape
circumiecta: circumiectus surrounding
abitūs: abitus, m. way out
cōnfīxa: cōnfīgere transfix, pierce
iūmenta: iūmentum, n. baggage
   animal
etiam iūmenta, cōnfīxa tēlīs,…
cumulum: cumulus, m. heap
auxerant: augēre increase
45 **laudem: laus, f.** glory
parem: pār equal
peperērunt: parere win, gain

quippe indeed
sunt quī there are those who, i.e. some
paulō a little
minus less
trādant: trādere report
sunt quī…trādant
quadringentīs: quadringentī four
   hundred
amplius more
nec multō amplius (quam
   quadringentīs)
fīnīvit: fīnīre end

Unrest at Ephesus

The Apostle Paul was the first Christian missionary to preach in the countries of Asia Minor. He spent more than two years at Ephesus, from about AD 52 to 54, preaching the Christian Gospel. His success in winning converts to Christianity was mainly at the expense of the pagan cult of Diana, whose temple at Ephesus was one of the Seven Wonders of the World. In this extract from the Acts of the Apostles, in the New Testament of the Bible, we are told of the angry reaction of those whose livelihood depended on the popularity of the cult of Diana.

argentārius quīdam, Dēmētrius nōmine, faciēns aedēs argenteās Diānae, praebēbat artificibus nōn modicum quaestum. quōs convocāns, et eōs quī huiusmodī erant opificēs, dīxit: 'virī, scītis acquīsītiōnem nōbīs dē hōc artificiō esse; et vidētis et audītis nōn sōlum Ephesī, sed paene tōtius Asiae, Paulum hunc suādentem āvertisse magnam turbam,   5

argentārius, m. silversmith
aedēs, f. shrine
Diānae: Diāna, f. the goddess Diana
artificibus: artifex, m. craftsman
modicum: modicus small, inconsiderable
quaestum: quaestus, m. employment, income
convocāns: convocāre summon, call together
eōs (convocāns) quī...

huiusmodī of this kind
opificēs: opifex, m. worker
acquīsītiōnem: acquīsītiō, f. prosperity
dē + ablative *here* = dependent upon
artificiō: artificium, n. industry
5 nōn sōlum...sed not only...but
Ephesī at Ephesus
Asiae: Asia, f. the province of Asia
Paulum: Paulus, m. (St) Paul
suādentem: suādēre persuade, preach
āvertisse: āvertere lead astray

The Great Theatre at Ephesus

dīcentem: "nōn sunt deī, quī manibus fīunt". nōn sōlum
autem perīculum erit nē nōs in redargūtiōnem veniāmus,
sed etiam nē magnae Diānae templum neglegātur, nēve
dēstruī incipiat maiestās eius, quam tōta Asia et orbis   10
colit.'

hīs audītīs, complētī sunt īrā, et exclāmāvērunt dīcentēs:
'magna Diāna Ephesiōrum!' et implēta est urbs cōnfūsiōne,
et impetum fēcērunt ūnō animō in theātrum, raptō Gāiō et
Aristarchō Macedonibus, comitibus Paulī. Paulō autem   15
volente intrāre in populum, nōn permīsērunt discipulī.
quīdam etiam dē Asiae prīncipibus, quī erant amīcī eius,
mīsērunt ad eum rogantēs nē theātrum intrāret.

in theātrō autem aliī alia clāmābant. erat enim ecclēsia
cōnfūsa: et plūrimī nesciēbant quā ex causā convēnissent. ē   20
turbā autem extrāxērunt Alexandrum, prōpellentibus eum
Iūdaeīs. Alexander autem manū silentiō postulātō, volēbat
reddere ratiōnem populō. quem ut cognōvērunt Iūdaeum
esse, vōx facta ūna est omnium, per hōrās fermē duās
clāmantium: 'magna Diāna Ephesiōrum!'   25

et cum sēdāvisset scrība turbās, dīxit: 'virī Ephesiī, quis
est hominum quī nesciat Ephesiōrum urbem cultrīcem esse
magnae Diānae? cum igitur nēmō hīs contrādīcere possit,
oportet vōs sēdātōs esse, et nihil temere agere. addūxistis
enim hominēs istōs, neque sacrilegōs neque blasphēmantēs   30
deam vestram. sī igitur Dēmētrius et artificēs quī cum eō
sunt habent causam adversus aliquem, conventūs forēnsēs
aguntur, et prōcōnsulēs sunt: accūsent invicem. sī quid
autem dē aliīs rēbus quaeritis, in lēgitimā ecclēsiā poterit
absolvī. nam et perīculum est nē accūsēmur sēditiōnis, cum   35
nēmō obnoxius sit dē quō possīmus reddere ratiōnem
concursūs istīus.' et cum haec dīxisset, dīmīsit ecclēsiam.

fiunt: fierī be made
nē that
redargūtiōnem: redargūtiō, f.
   contempt
nēve and that
10 dēstruī: dēstruere destroy
maiestās, f. divine majesty, prestige
eius i.e. of Diana
orbis, m. world
colit: colere worship
Ephesiōrum: Ephesiī the Ephesians
magna (est) Diāna
implēta est: implēre fill
cōnfūsiōne: cōnfūsiō, f. confusion
theātrum, n. theatre
Gāiō: Gāius, m. Gaius, a companion
   of Paul
15 Aristarchō: Aristarchus, m.
   Aristarchus, a companion of Paul
Macedonibus: Macedō, m. a Macedo-
   nian
permīsērunt: permittere permit
discipulī: discipulus, m. disciple,
   follower
dē + ablative *here* = of
aliī alia some...one thing,
   some...another
ecclēsia, f. assembly
20 cōnfūsa: cōnfūsus confused
quā ex causā for what reason
Alexandrum: Alexander, m. Alexander, a citizen of Ephesus

prōpellentibus: prōpellere push to the
   front
Iūdaeīs: Iūdaeī, m.pl. the Jews
reddere ratiōnem make a defence
26 sēdāvisset: sēdāre quieten
scrība, m. scribe, *here* = town clerk
cultrīcem: cultrīx, f. worshipper,
   protector
contrādīcere + dative dispute, deny
temere rashly
addūxistis: addūcere bring here
30 sacrilegōs: sacrilegus temple-robbing,
   sacrilegious
blasphēmantēs: blasphēmāre
   blaspheme, speak blasphemy
   against
causam: causa, f. case
adversus + accusative against
conventūs: conventus, m. assembly
forēnsēs: forēnsis legal
prōcōnsulēs: prōcōnsul, m. proconsul
invīcem each other
sī quid if anything
lēgitimā: lēgitimus legal, proper
35 absolvī: absolvere settle
obnoxius guilty
reddere ratiōnem give reason, give
   justification
concursūs: concursus, m. commotion,
   disturbance

VOCABULARY

A

ā! - ah! alas!

ā, ab + *abl.* - from; by

abdō, abdere, abdidī, abditus - hide

abeō, abīre, abiī - go away, move away

abiciō, abicere, abiēcī, abiectus - throw down

abitus, abitūs, m. - escape route, way out

abiūrō, abiūrāre, abiūrāvī - renege on, refuse to pay

abnuō, abnuere, abnuī - refuse, deny

abrumpō, abrumpere, abrūpī, abruptus + *abl.* - break off from, throw off

absolūtiō, absolūtiōnis, f. - acquittal

absolvō, absolvere, absolvī, absolūtus - settle

abstineō, abstinēre, abstinuī - refrain from

abstulī *see* auferō

absum, abesse, āfuī - be absent, be away absēns, *gen.* absentis - absent

absurdus, absurda, absurdum - worthless, insignificant

ac - and

accēdō, accēdere, accessī - approach

accelerō, accelerāre, accelerāvī, accelerātus - hasten

accendō, accendere, accendī, accēnsus - set on fire, inflame, arouse

accidō, accidere, accidī - happen

accipiō, accipere, accēpī, acceptus - accept, take in, receive

accumbō, accumbere, accubuī - recline (at table), lie down

accurrō, accurrere, accurrī - run over to

accūsātiō, accūsātiōnis, f. - accusation

accūsātor, accūsātōris, m. - accuser

accūsō, accūsāre, accūsāvī, accūsātus - accuse

ācer, ācris, ācre - fierce, bitter

acerbus, acerba, acerbum - harsh, sour

aciēs, aciēī, f. - eyesight, glance; battle-line

  aciē congredī - join battle

acinus, acinī, m. - grape

acquīsītiō, acquīsītiōnis, f. - prosperity

āctus *see* agō

acūmen, acūminis, n. - shrewdness

ad + *acc.* - to, at

adaequō, adaequāre, adaequāvī, adaequātus - compare

addictus, addicta, addictum - sentenced to, a victim of

addō, addere, addidī, additus - add

addūcō, addūcere, addūxī, adductus - lead, lead on, bring

adeō, adīre, adiī - approach, visit

adeō - so much, so greatly

adeptus *see* adipīscor

aderam, adest *see* adsum

adferō, adferre, adtulī, adlātum - bring, report

adhaereō, adhaerēre, adhaesī, adhaesus - stick to

adhibeō, adhibēre, adhibuī, adhibitus - use, employ

adhūc - up till now, still

adiciō, adicere, adiēcī, adiectus - throw to, add

adigō, adigere, adēgī, adāctus - drive home

adiī *see* adeō

adimō, adimere, adēmī, adēmptus + *dat.* - take away from

adipīscor, adipīscī, adeptus sum - receive, obtain

aditus, aditūs, m. - entrance, approach

adiūrō, adiūrāre, adiūrāvī - swear by, call to witness

adiūtor, adiūtōris, m. - assistant

adiuvō, adiuvāre, adiūvī, adiūtus - help

adlocūtiō, adlocūtiōnis, f. - tone, way of speaking to someone

adloquor, adloquī, adlocūtus sum - speak to, address

administer, administrī, m. - assistant

administrō, administrāre, administrāvī, administrātus - manage, administer

admittō, admittere, admīsī, admissus - admit, let in, introduce, commit

admoneō, admonēre, admonuī,
admonitus - warn, advise, remind
admoveō, admovēre, admōvī, admōtus
- bring near, bring forward, apply,
put to
adnītor, adnītī, adnīxus sum - lean on
adnō, adnāre, adnāvī - swim alongside
adnotō, adnotāre, adnotāvī, adnotātus -
make notes (on)
adnuō, adnuere, adnuī, adnūtus -
approve, grant
adoleō, adolēre, adoluī - make offerings
on
adopertus, adoperta, adopertum -
covered
adoptō, adoptāre, adoptāvī, adoptātus -
adopt
ador, adōris, n. - grain
adsēnsus, adsēnsūs, m. - approval
adsequor, adsequī, adsecūtus sum -
reach, overtake
adsideō, adsidēre, adsēdī - sit beside
adsiduus, adsidua, adsiduum -
frequent
adspiciō, adspicere, adspexī, adspectus
- investigate
adstō, adstāre, adstitī - stand by, stand
adsum, adesse, adfuī - be present,
arrive
adulātiō, adulātiōnis, f. - fawning
attention, flattery
adulēscēns, adulēscentis, m. - young
man
adulter, adulterī, m. - adulterer, lover
adulterium, adulteriī, m. - adultery,
adulterous relationship
advena, advenae, m. - foreigner, from
abroad
adventus, adventūs, m. - arrival
adversum + *acc.* - against
adversus, adversa, adversum - hostile,
unfavourable, unfortunate, opposite
rēs adversae, rērum adversārum, f.pl.
- misfortune, disaster
adversus + *acc.* - against
aedēs, aedis, f. - temple, shrine
aeger, aegra, aegrum - sick, ill
aegrōtō, aegrōtāre, aegrōtāvī - be ill

aēnum, aēnī, n. - cauldron, pot
aequē - equally
aequō, aequāre, aequāvī, aequātus -
make level
aequor, aequoris, n. - sea, waves
aequus, aequa, aequum - equal, fair,
kindly
āēr, āeris, m. - air
āerius, āeria, āerium - high, towering in
the air
aestās, aestātis, f. - summer
aestuāns, *gen.* aestuantis - inflamed
aestuōsus, aestuōsa, aestuōsum - sultry
aestus, aestūs, m. - heat
aetās, aetātis, f. - age, life
aeternus, aeterna, aeternum - lifelong,
eternal
aethēr, aetheris, m. - ether, the air of
heaven
aetherius, aetheria, aetherium -
heavenly
aevum, aevī, n. - (old) age, life
afferō, afferre, attulī, adlātus - bring,
report
afficiō, afficere, affēcī, affectus - affect,
treat
affirmō, affirmāre, affirmāvī - declare
ager, agrī, m. - field, territory
agrī, agrōrum, m.pl. - countryside
aggredior, aggredī, aggressus sum -
attack
agitātor, agitātōris, m. - driver,
charioteer
agitō, agitāre, agitāvī, agitātus - chase,
hunt, move quickly
agmen, agminis, n. - column (of men),
procession
agnus, agnī, m. - lamb
agō, agere, ēgī, āctus - do, act, drive,
spend, pass (time), play the part of,
accomplish
agrestēs, agrestium, m.pl. - country folk
agrestis, agreste - country, of the
country, rustic
ait - he says, said
aiunt - they say, said
āla, ālae, f. - wing
alacer, alacris, alacre - eager

albus, alba, album - white
aliās - at another time
alibī - elsewhere
aliēnus, aliēna, aliēnum - unknown,
    strange
aliō - somewhere else
aliquantō - somewhat, rather
aliquī, aliqua, aliquod - some
aliquis, aliquid - someone, something
aliter - differently, otherwise
    nōn aliter quam cum - just as when
alius, alia, aliud - other, another
    aliī…alia - some…one thing,
    some…another
    aliī…aliī - some…others,
    one…another
alligō, alligāre, alligāvī, alligātus -
    enclose, hem in
almus, alma, almum - life-giving
alter, altera, alterum - the other,
    another
    alter…alter - one…the other
alternus, alterna, alternum - alternate
alteruter, alterutra, alterutrum - either
    of the two
altus, alta, altum - high, deep
alumnus, alumnī, m. - offspring
alveus, alveī, m. - bowl, tub
amābilis, amābile - lovable
amāns, amantis, m. - lover
amāns *see* amō
amātor, amātōris, m. - lover
ambitiō, ambitiōnis, f. - bribery
ambitus, ambitūs, m. - bribery
ambō, ambae, ambō - both
ambrosius, ambrosia, ambrosium -
    ambrosial, divine
ambulō, ambulāre, ambulāvī - walk
ambustus, ambusta, ambustum -
    scorched
āmēns, *gen.* āmentis - out of one's
    mind
amīca, amīcae, f. - friend, girl-friend,
    mistress
amīcitia, amīcitiae, f. - friendship
amīcus, amīca, amīcum - friendly, dear
amīcus, amīcī, m. - friend
amita, amitae, f. - aunt

āmittō, āmittere, āmīsī, āmissus - lose,
    abandon, give up
amnis, amnis, m. - river
amō, amāre, amāvī, amātus - love
    amāns, *gen.* amantis - fond
amoenitās, amoenitātis, f. - pleasant-
    ness, attractive appearance
amoenus, amoena, amoenum -
    pleasant
amor, amōris, m. - love
āmoveō, āmovēre, āmōvī, āmōtus -
    remove
amplector, amplectī, amplexus sum -
    embrace, grasp, clasp
amplitūdō, amplitūdinis, f. - stoutness
amplius - more fully, any longer, any
    more, further
an - or
    sīve…an - whether…or
    utrum…an - whether…or
angor, angōris, m. - distress
anguis, anguis, m. - snake
angustiae, angustiārum, f.pl. -
    narrowness
angustus, angusta, angustum - narrow
anīlis, anīle - of an old woman, elderly
anima, animae, f. - breath, life, soul
animal, animālis, n. - animal
animō, animāre, animāvī, animātus -
    reanimate, bring back to life
animus, animī, m. - spirit, mind,
    resolve, self
annus, annī, m. - year
ānsa, ānsae, f. - handle
ānser, ānseris, m. - goose
ante + *acc.* - before, in front of, beyond
antehāc - before this time
antequam - before
antīquus, antīqua, antīquum - old,
    ancient
antrum, antrī, n. - cave, cavern, grotto
anus, anūs, f. - old woman
anxiē - anxiously
aperiō, aperīre, aperuī, apertus - open
apis, apis, f. - bee
appāreō, appārēre, appāruī - appear
appellō, appellāre, appellāvī,
    appellātus - call

applicō, applicāre, applicāvī, applicātus
- attach
appropinquō, appropinquāre,
appropinquāvī + *dat.* - approach,
come near to
aprīcus, aprīca, aprīcum - sunny
apud + *acc.* - among, with, in, at the
house of
aqua, aquae, f. - water
āra, ārae, f. - altar
arānea, arāneae, f. - cobweb
arātor, arātōris, m. - ploughman
arātrum, arātrī, n. - plough
arbitrium, arbitriī, n. - judgement
arbitror, arbitrārī, arbitrātus sum -
think, believe
arbor, arboris, f. - tree
ardeō, ardēre, arsī - burn, be on fire
arduum, arduī, n. - height
ārea, āreae, f. - courtyard
argentāria, argentāriae, f. - bank
argentārius, argentāriī, m. - silversmith
argenteus, argentea, argenteum - made
of silver
āridus, ārida, āridum - dry
arma, armōrum, n.pl. - arms, weapons,
war
armātūra, armātūrae, f. - troops
armātus, armāta, armātum - armed
armātus, armātī, m. - armed man
arrēpō, arrēpere, arrēpsī - creep up
arrigō, arrigere, arrēxī, arrēctus - raise,
tip up
ars, artis, f. - art, skill
artifex, artificis, m. - teacher, craftsman
artificium, artificiī, n. - industry
artus, arta, artum - thrifty
artus, artūs, m. - limb, joint
arvum, arvī, n. - field
arx, arcis, f. - citadel, stronghold, focal
point
as, assis, m. - as (smallest Roman coin),
penny
ascendō, ascendere, ascendī - climb,
rise, embark
aspectus, aspectūs, m. - sight, appearance
asper, aspera, asperum - rough

asperitās, asperitātis, f. - harshness
aspiciō, aspicere, aspexī - look, look at,
look towards, catch sight of, notice
assonō, assonāre, assonāvī - respond,
echo
astupeō, astupēre, astupuī + *dat.* - be
astonished at
at - but, yet
āter, ātra, ātrum - black
atque - and
ātrium, ātriī, n. - hall
ātrōcitās, ātrōcitātis, f. - enormity
ātrōx, *gen.* ātrōcis - fierce, warlike, cruel,
ghastly
attentus, attenta, attentum + *dat.* -
careful with
attenuō, attenuāre, attenuāvī, attenuātus
- make thin, weaken
attingō, attingere, attigī - reach, be
related to
attollō, attollere - lift, raise
attonitus, attonita, attonitum -
astonished
attribuō, attribuere, attribuī, attribūtus -
hand over, assign
attulī *see* afferō
auctor, auctōris, m. - author, originator,
person responsible
auctōritās, auctōritātis, f. - authority
auctus *see* augeō
audācia, audāciae, f. - boldness, audacity
audāx, *gen.* audācis - bold, daring,
oversure, arrogant
audeō, audēre, ausus sum - dare
audiō, audīre, audīvī, audītus - hear
auferō, auferre, abstulī, ablātus - take
away, steal
aufugiō, aufugere, aufūgī - run away
augeō, augēre, auxī, auctus - increase,
exaggerate
aura, aurae, f. - air, breeze
aurātus, aurāta, aurātum - gilded
aureus, aurea, aureum - golden, made of
gold
auris, auris, f. - ear
aut - or
aut...aut - either...or
autem - but

autumnus, autumnī, m. - autumn
auxiliārēs, auxiliārium, m.pl. -
     auxiliaries
auxilium, auxiliī, n. - help
avēna, avēnae, f. - oats
aveō, avēre - be eager
āvertō, āvertere, āvertī, āversus -
     distract, lead astray
avia, aviae, f. - grandmother
avidus, avida, avidum - eager, greedy
avis, avis, f. - bird
avītus, avīta, avītum - ancestral,
     inherited
avunculus, avunculī, m. - uncle
avus, avī, m. - grandfather

B

baculum, baculī, n. - stick, staff
balineum, balineī, n. - the baths, bathing
bāsiātiō, bāsiātiōnis, f. - kiss, kissing
bāsiō, bāsiāre, bāsiāvī - kiss
bāsium, bāsiī, n. - kiss
beātus, beāta, beātum - happy
bellum, bellī, n. - war
bene - well
bes, bessis, n. - two-thirds
bēstia, bēstiae, f. - beast
bibō, bibere, bibī - drink
bicornis, bicorne - two-pronged
biduum, biduī, n. - two days
bis - twice
bivium, biviī, n. - fork in the road
blandus, blanda, blandum - sweet,
     charming
blasphēmō, blasphēmāre, blasphēmāvī -
     blaspheme, speak blasphemy against
bonus, bona, bonum - good
   bona, bonōrum, n.pl. - estates,
      possessions
   melior, melius - better
   optimus, optima, optimum - very
      good, excellent, best
bōs, bovis, m. - ox
bracchium, bracchiī, n. - arm
brevis, breve - short, brief
brūma, brūmae, f. - winter
bustum, bustī, n. - tomb
buxum, buxī, n. - boxwood

C

C. = Gāius
cachinnus, cachinnī, m. - laughter, fun
cacūmen, cacūminis, n. - tree-top
cadāver, cadāveris, n. - corpse
cadō, cadere, cecidī - fall, die
cādūcifer, cādūcifera, cādūciferum -
     staff-bearer
caedēs, caedis, f. - murder, slaughter,
     execution
caedō, caedere, cecīdī, caesus - kill
caelātus, caelāta, caelātum - carved,
     engraved
caelebs, *gen.* caelibis - unmarried
caelestis, caeleste - in the sky
caelicola, caelicolae, m. - heavenly
     dweller, god
caelum, caelī, n. - sky, heaven, weather
caeruleus, caerulea, caeruleum - dark,
     blue-green
calamus, calamī, m. - reed
calciō, calciāre, calciāvī, calciātus - shoe
calcitrō, calcitrāre, calcitrāvī - kick,
     resist
calculī, calculōrum, m.pl. - draughts
caleō, calēre, caluī - be warm, be
     flushed
calēscō, calēscere, caluī - be inflamed,
     fall in love
calidus, calida, calidum - warm, hot
cālīgāns, *gen.* cālīgantis - dark, gloomy
cālīgō, cālīginis, f. - darkness
calix, calicis, m. - wine-cup
campus, campī, m. - plain, field
candeō, candēre, canduī - gleam
candidus, candida, candidum - white,
     bright
candor, candōris, m. - radiance,
     whiteness, beauty
canis, canis, m. - dog
canistrum, canistrī, n. - basket
canna, cannae, f. - reed
canō, canere, cecinī - sing
cantātiō, cantātiōnis, f. - song
canticum, canticī, n. - song
cantō, cantāre, cantāvī - sing, chant
cantus, cantūs, m. - singing, song,
     concert

capella, capellae, f. - she-goat
capillī, capillōrum, m.pl. - hair
capiō, capere, cēpī, captus - take, catch, capture
captīvus, captīva, captīvum - of a captive
captīvus, captīvī, m. - prisoner, captive
captō, captāre, captāvī, captātus - try to catch, cultivate
caput, capitis, n. - head
carcer, carceris, m. - prison
careō, carēre, caruī + *abl.* - lack, be free from, escape
carmen, carminis, n. - song, poem, poetry
carpō, carpere, carpsī, carptus - pick, pluck
cārus, cāra, cārum - dear
casa, casae, f. - cottage, shelter
castitās, castitātis, f. - virtue
castra, castrōrum, n.pl. - camp
castus, casta, castum - chaste, holy, pure
cāsus, cāsūs, m. - fortune, chance, falling, fall
caterva, catervae, f. - troop of soldiers
causa, causae, f. - reason, cause; case (of law)
causā + *gen.* - for the sake of
causam dīcere - plead one's case
causidicus, causidicī, m. - lawyer
caveō, cavēre, cāvī - beware, be careful
cavus, cava, cavum - hollow, hollowed out
cavus, cavī, m. - mouse-hole
cecidī *see* cadō
cēdō, cēdere, cessī - give in, give way, be reduced
celeber, celebris, celebre - crowded
celebrō, celebrāre, celebrāvī, celebrātus - celebrate
celer, celeris, celere - quick, quickly-passing
celeriter - quickly, fast
celerius - more quickly
celerō, celerāre, celerāvī, celerātus - hasten
cēlō, cēlāre, cēlāvī, cēlātus - hide
cēna, cēnae, f. - dinner
cēnō, cēnāre, cēnāvī - dine, have dinner

centum - a hundred
centuriō, centuriōnis, m. - centurion
cēpī *see* capiō
cēra, cērae, f. - wax, wax tablet
cernō, cernere, crēvī, crētus - see
certāmen, certāminis, n. - struggle, contest, fight
certē - certainly, at least
certus, certa, certum + *gen.* - certain, fixed, resolved on, accurate
cervīcal, cervīcālis, n. - pillow
cervīx, cervīcis, f. - neck
cervus, cervī, m. - deer
cēterī, cēterae, cētera - the others, the rest
ceu - just like
chorēa, chorēae, f. - dance
chorus, chorī, m. - dancing
cibus, cibī, m. - food
cicer, ciceris, n. chick-pea
cieō, ciēre, cīvī, citus - summon
cingō, cingere, cīnxī, cīnctus - surround, enclose, wreathe
cinis, cineris, m. - ash, cremated remains
circum (1) + *acc.* - around
circum (2) - around
circumāctus, circumācta, circumāctum - sweeping round
circumdō, circumdare, circumdedī, circumdatus - surround
circumiaceō, circumiacēre, circumiacuī - surround
circumiectus, circumiecta, circumiectum - surrounding
circumlinō, circumlinere, circumlīvī, circumlitus - smear around
circumstō, circumstāre, circumstetī - stand round, be stationed around
circumveniō, circumvenīre, circumvēnī, circumventus - surround
cithara, citharae, f. - lyre
cīvis, cīvis, m.f. - citizen
clāmitō, clāmitāre, clāmitāvī - demand loudly
clāmō, clāmāre, clāmāvī - shout
clāmor, clāmōris, m. - shout, uproar
clāritās, clāritātis, f. - brightness

clārus, clāra, clārum - famous,
　distinguished, splendid
classicum, classicī, n. - war-trumpet
classis, classis, f. - fleet
claudō, claudere, clausī, clausus - shut,
　close, block
clāvus, clāvī, m. - nail
cliēns, clientis, m. - client
clīmactēricus, clīmactērica,
　clīmactēricum - dangerous, critical
clīvus, clīvī, m. - hill-side
Cn. = Gnaeus
coccum, coccī, n. - scarlet
cōdicillī, cōdicillōrum, m.pl. - writing-
　tablet, notebook, note
coeō, coīre, coiī - meet, get together
coepī, coepisse - began
coerceō, coercēre, coercuī, coercitus -
　keep in, confine
coetus, coetūs, m. - meeting, assembly
cognātus, cognātī, m. - relative,
　kinsman
cognōscō, cognōscere, cognōvī,
　cognitus - get to know, find out
cohibeō, cohibēre, cohibuī, cohibitus -
　hold back
collābor, collābī, collāpsus sum - fall
　down
collātiō, collātiōnis, f. - comparison
collēgium, collēgiī, n. - association,
　club
colligō, colligere, collēgī, collēctus -
　gather, collect
colloquium, colloquiī, n. - talk, chat
collum, collī, m. - neck
colō, colere, coluī, cultus - worship
colōnia, colōniae, f. - settlement (of
　retired soldiers)
color, colōris, m. - colour
columna, columnae, f. - column, pillar
coma, comae, f. - hair, leaf, foliage
comes, comitis, m.f. - comrade,
　companion
cōmitās, cōmitātis, f. - friendliness
comitō, comitāre, comitāvī, comitātus -
　accompany, follow
comitor, comitārī, comitātus sum -
　accompany

commasculō, commasculāre,
　commasculāvī, commasculātus -
　strengthen, make bold
comminus - in close combat
commissiō, commissiōnis, f. - the
　opening event (of the games)
committō, committere, commīsī,
　commissus - commit
commixtus, commixta, commixtum -
　mixed
commodum, commodī, n. - benefit
commoveō, commovēre, commōvī,
　commōtus - move, arouse, evoke
commōtus, commōta, commōtum -
　moved, affected, overcome
commūnis, commūne - shared, joint
compāctus, compācta, compāctum -
　sturdy
comparō, comparāre, comparāvī,
　comparātus - obtain
compleō, complēre, complēvī, complētus
　- fill
complexus, complexūs, m. - embrace
compōnō, compōnere, composuī,
　compositus - put together, arrange,
　compose
comprehendō, comprehendere, compre-
　hendī, comprehēnsus - catch, detect
computō, computāre, computāvī - count,
　make calculations
concēdō, concēdere, concessī, concessus -
　grant, hand over
concidō, concidere, concidī - collapse
concieō, conciēre, concīvī - provoke
concipiō, concipere, concēpī, conceptus -
　conceive
conclāmō, conclāmāre, conclāmāvī -
　shout out
conclāve, conclāvis, n. - room
concordia, concordiae, f. - harmony
concors, *gen.* concordis + *dat.* - in
　harmony, on friendly terms with
concupīscō, concupīscere, concupīvī -
　covet, long for
concurrō, concurrere, concurrī -
　assemble, flock
concursus, concursūs, m. - commotion,
　disturbance

condiciō, condiciōnis, f. - proposal,
  proposition
condō, condere, condidī, conditus - hide,
  plunge, bury
condūcō, condūcere, condūxī, conductus
  - hire
cōnferō, cōnferre, contulī, collātus - take
  sē cōnferre - travel
cōnfestim - immediately
cōnficiō, cōnficere, cōnfēcī, cōnfectus -
  perform, make
cōnfīdō, cōnfīdere, cōnfīsus sum + *dat.* -
  trust, rely on
cōnfīgō, cōnfīgere, cōnfīxī, cōnfīxus -
  transfix, pierce
cōnfirmō, cōnfirmāre, cōnfirmāvī,
  cōnfirmātus - confirm
cōnfiteor, cōnfitērī, cōnfessus sum -
  confess
cōnflictor, cōnflictārī, cōnflictātus sum -
  be afflicted
cōnfodiō, cōnfodere, confōdī, cōnfossus -
  stab, run through
cōnfugiō, cōnfugere, cōnfūgī - flee for
  refuge
cōnfūsiō, cōnfūsiōnis, f. - confusion
cōnfūsus, cōnfūsa, cōnfūsum - confused
conglobātus, conglobāta, conglobātum -
  massed together
congredior, congredī, congressus sum -
  come together
  aciē congredī - join battle
congruō, congruere, congruī - agree
coniūnctus, coniūncta, coniūnctum -
  intimate
coniūnx, coniugis, m.f. - wife, husband
coniūrātiō, coniūrātiōnis, f. - plot,
  conspiracy
cōnor, cōnārī, cōnātus sum - try
cōnscius, cōnscia, cōnscium + *gen.* -
  knowing the truth, implicated in
cōnsenēscō, cōnsenēscere, cōnsenuī -
  grow old together
cōnsentiō, cōnsentīre, cōnsēnsī - agree
cōnsequor, cōnsequī, cōnsecūtus sum -
  earn
cōnsilium, cōnsiliī, n. - plan, idea; council
cōnsimilis, cōnsimile - similar

cōnsistō, cōnsistere, cōnstitī - halt, stop
cōnsōlor, cōnsōlārī, cōnsōlātus sum -
  cheer
cōnspiciō, cōnspicere, cōnspexī,
  cōnspectus - catch sight of, notice
cōnspicuus, cōnspicua, cōnspicuum -
  obvious
cōnstituō, cōnstituere, cōnstituī,
  cōnstitūtus - decide
cōnstringō, cōnstringere, cōnstrīnxī,
  cōnstrictus - tie down
cōnsuēscō, cōnsuēscere, cōnsuēvī -
  become accustomed
cōnsuēvisse - be accustomed
cōnsul, cōnsulis, m. - consul
cōnsulāris, cōnsulāre - of consular rank,
  i.e. an ex-consul
cōnsulāris, cōnsulāris, m. - ex-consul
cōnsulō, cōnsulere, cōnsuluī, cōnsultus
  + *dat.* - consult, pay attention to
cōnsultum, cōnsultī, n. - decree
cōnsūmō, cōnsūmere, cōnsūmpsī,
  cōnsūmptus - eat
contāgiō, contāgiōnis, f. - contact
contēctus, contēcta, contēctum -
  wrapped, covered, dressed
contendō, contendere, contendī - hurry,
  compete
conterō, conterere, contrīvī, contrītus -
  wear out
contextus, contexta, contextum - woven
conticēscō, conticēscere, conticuī - fall
  silent
contingō, contingere, contigī, contāctus
  - touch
contingit mihi - it happens to me, it is
  my good luck
continuō, continuāre, continuāvī - keep
  supplying
continuus, continua, continuum -
  continuous, persistent
contiō, contiōnis, f. - assembly
contrā (1) + *acc.* - against
contrā (2) - in reply
contrādīcō, contrādīcere, contrādīxī +
  dat. - dispute, deny
contrārius, contrāria, contrārium -
  contrary

contrōversia, contrōversiae, f. - dispute
contubernium, contuberniī, n. -
    company, household
contulī *see* cōnferre
contumācia, contumāciae, f. -
    arrogance, obstinacy
contumēlia, contumēliae, f. - insult,
    humiliation
convalēscō, convalēscere, convaluī - get
    better, recover
conveniō, convenīre, convēnī - come
    together, meet
  convenit, convenīre, convēnit - suit,
    be agreed
conventus, conventūs, m. - assembly
convertō, convertere, convertī,
    conversus - turn
convīctus, convīctūs, m. - social life
convīva, convīvae, m. - guest
convīvium, convīviī, n. - banquet, party
convocō, convocāre, convocāvī,
    convocātus - summon, call together
coopertus, cooperta, coopertum -
    wrapped
cōpia, cōpiae, f. - abundance, supply
cōpiae, cōpiārum, f.pl. - troops
cor, cordis, n. - heart
cornū, cornūs, n. - horn, wing
  prō cornibus - on the wings
corōnō, corōnāre, corōnāvī, corōnātus -
    encircle
corpus, corporis, n. - body
corripiō, corripere, corripuī, correptus -
    seize, captivate, scold
corrumpō, corrumpere, corrūpī,
    corruptus - corrupt, ruin
cortex, corticis, m. - bark
costa, costae, f. - rib
cotīdiē - every day
crās - tomorrow
crāstinus, crāstina, crāstinum -
    tomorrow's, of tomorrow
crātēr, crātēris, m. - mixing bowl for
    wine
crēber, crēbra, crēbrum - frequent
crēditum, crēditī, n. - loan
crēdō, crēdere, crēdidī + *dat.* - trust,
    believe, have faith in

crēdulus, crēdula, crēdulum - credulous,
    ready to believe
crēscō, crēscere, crēvī, crētus - grow
crīmen, crīminis, n. - charge, accusation
crīnēs, crīnium, m.pl. - hair
croceus, crocea, croceum - yellow
cruciō, cruciāre, cruciāvī, cruciātus -
    torture
crūdēlis, crūdēle - cruel
cruor, cruōris, m. - blood
cubiculum, cubiculī, n. - bedroom
cubō, cubāre, cubuī - recline
culpa, culpae, f. - blame, fault
cultrīx, cultrīcis, f. - worshipper,
    protector
cultus, culta, cultum - smart, well-
    dressed, dressed
cultus, cultūs, m. - worship; clothes
cum (1) - when, since, because, although
cum (2) + *abl.* - with
cumba, cumbae, f. - boat, fishing boat
cumulātus, cumulāta, cumulātum -
    increased, built up
cumulus, cumulī, m. - heap
cūnctus, cūncta, cūnctum - all
  cūncta, cūnctōrum, n.pl. - everything
cuneus, cuneī, m. - wedge-formation
cupiditās, cupiditātis, f. - greed
cupidus, cupida, cupidum - greedy
cupiō, cupere, cupīvī - want
cūr? - why?
cūra, cūrae, f. - care, trouble, responsibil-
    ity
  cūrae esse - be of concern
cūria, cūriae, f. - senate-house
cūriōsus, cūriōsa, cūriōsum - curious,
    prying
cūrō, cūrāre, cūrāvī - look after
currō, currere, cucurrī - run
currus, currūs, m. - chariot
cursim - rapidly
cursitō, cursitāre, cursitāvī - run about
cursus, cursūs, m. - course
curvō, curvāre, curvāvī, curvātus - bend
curvātus, curvāta, curvātum - curving
curvus, curva, curvum - round, curving
custōdēla, custōdēlae, f. - guarding,
    protection

custōdia, custōdiae, f. - guard
custōdiō, custōdīre, custōdīvī,
custōdītus - guard
custōs, custōdis, m. - guard
cutis, cutis, f. - skin
cyathus, cyathī, m. - wine-ladle, cupful

D

dabam, dabō *see* dō
damnō, damnāre, damnāvī, damnātus
- condemn
damnum, damnī, n. - loss, damage
daps, dapis, f. - meal, banquet, feast
dat *see* dō
dē + *abl.* - from, down from; about
dea, deae, f. - goddess
dēbilis, dēbile - maimed
dēcēdō, dēcēdere, dēcessī + *dat.* -
avoid, depart, die
decem - ten
decenter - decently, for decency's sake
dēcernō, dēcernere, dēcrēvī, dēcrētus -
decide, settle
decet, decēre, decuit - be proper
dēcidō, dēcidere, dēcidī - fall down
decimus, decima, decimum - tenth
quārtus decimus - fourteenth
dēcipiō, dēcipere, dēcēpī, dēceptus -
deceive, trick
decōrus, decōra, decōrum - right,
proper, handsome
dēcrēscō, dēcrēscere, dēcrēvī, dēcrētus
- decrease
dēcrētum, dēcrētī, n. - decision
decus, decoris, n. - glory, beauty,
modesty, repute
dēdecus, dēdecoris, n. - disgrace
dedī *see* dō
dēditus, dēdita, dēditum - devoted,
attached
dēdūcō, dēdūcere, dēdūxī, dēductus -
launch, install, settle
dēest *see* dēsum
dēfendō, dēfendere, dēfendī, dēfēnsus
- defend
dēfēnsiō, dēfēnsiōnis, f. - defence
dēferō, dēferre, dētulī, dēlātus - bring
down, report

dēfessus, dēfessa, dēfessum - exhausted,
tired out
dēficiō, dēficere, dēfēcī - fail, run out
dēfigō, dēfigere, dēfīxī, dēfixus - fix, cast
down, lower
dēfleō, dēflēre, dēflēvī, dēflētus - weep
at, mourn
dēfluō, dēfluere, dēflūxī - drip, pour
dēfōrmis, dēfōrme - unsightly, ugly
dēfōrmitās, dēfōrmitātis, f. - appalling
nature
dēfūnctus, dēfūncta, dēfūnctum + *abl.* -
finished with, dead
dehinc - thereafter, from then on
dēiciō, dēicere, dēiēcī, dēiectus - throw
down
dēiectus, dēiecta, dēiectum - loose,
dishevelled
deinde - then
dēlātiō, dēlātiōnis, f. - accusation,
denunciation
dēlēgō, dēlēgāre, dēlēgāvī, dēlēgātus -
assign
dēleō, dēlēre, dēlēvī, dēlētus - destroy
dēlicātus, dēlicāta, dēlicātum - frivolous,
luxury-loving
dēligō, dēligere, dēlēgī, dēlēctus -
choose, select, gather
dēlūbrum, dēlūbrī, n. - shrine, sanctuary
dēmentia, dēmentiae, f. - madness
dēmergō, dēmergere, dēmersī, dēmersus
- overwhelm
dēmetō, dēmetere, dēmessuī, dēmessus -
cut down
dēmittō, dēmittere, dēmīsī, dēmissus -
let down, hang down
dēmōnstrō, dēmōnstrāre, dēmōnstrāvī,
dēmōnstrātus - point out, show
dēmorsicō, dēmorsicāre - bite pieces out
of
dēmoveō, dēmovēre, dēmōvī, dēmōtus -
remove, get rid of
dēmum - at last
dēnique - at last, finally
dēnotō, dēnotāre, dēnotāvī, dēnotātus -
point out, identify
dēns, dentis, m. - tooth
dēnsus, dēnsa, dēnsum - thick

dēnūntiō, dēnūntiāre, dēnūntiāvī,
dēnūntiātus + *dat.* - order
dēportō, dēportāre, dēportāvī,
dēportātus - carry off
dēprecor, dēprecārī, dēprecātus sum -
beg
dēprendō, dēprendere, dēprendī,
dēprēnsus - catch, observe
dēruō, dēruere, dēruī - fall off
dēscendō, dēscendere, dēscendī - go
down, come down
dēserō, dēserere, dēseruī, dēsertus -
desert, leave behind
dēsertus, dēserta, dēsertum -
deserted, lonely
dēsīderium, dēsīderiī, n. - longing
dēsidia, dēsidiae, f. - idleness
dēsiliō, dēsilīre, dēsiluī - tumble down
dēsinō, dēsinere, dēsiī - end, cease, stop
dēsōlātus, dēsōlāta, dēsōlātum - left
alone
dēspuō, dēspuere, dēspuī, dēspūtus -
spit out
dēstinō, dēstināre, dēstināvī, dēstinātus
- predict
dēstringō, dēstringere, dēstrīnxī,
dēstrictus - scrape, rub down
dēstruō, dēstruere, dēstrūxī, dēstrūctus
- destroy
dēsum, dēesse, dēfuī - be missing
dēsuper - from above, on the top
dēterior, dēterius - worse
dētestor, dētestārī, dētestātus sum - call
down
dētrahō, dētrahere, dētrāxī, dētractus -
take out of, steal
dētulī *see* dēferō
deus, deī, m. - god
dēveniō, dēvenīre, dēvēnī - reach
dēvertō, dēvertere, dēvertī, dēversus -
turn away
dēvinciō, dēvincīre, dēvīnxī, dēvīnctus -
bind, fetter
dēvius, dēvia, dēvium - lonely, remote
dēvōtiō, dēvōtiōnis, f. - curse
dextra, dextrae, f. - right hand
dī *see* deus
dīcō, dīcere, dīxī, dictus - say, speak

causam dīcere - plead one's case
dictitō, dictitāre, dictitāvī - keep saying
dictō, dictāre, dictāvī, dictātus - dictate
dictum, dictī, n. - word
didicī *see* discō
diēs, diēī, m.f. - day
in diēs - from day to day
difficilis, difficile - difficult, obstinate
diffugiō, diffugere, diffūgī - disperse,
disappear
diffūsus, diffūsa, diffūsum - spread out,
streaming
digitus, digitī, m. - finger
dignitās, dignitātis, f. - dignity,
importance, honour, prestige
dignus, digna, dignum + *abl.* - worthy of
dīgredior, dīgredī, dīgressus sum -
separate, go in different directions
dīiūdicō, dīiūdicāre, dīiūdicāvī,
dīiūdicātus - judge, determine
dīligenter - carefully
dīligō, dīligere, dīlēxī, dīlēctus - be fond
of, love
dīluō, dīluere, dīluī - wash away
dīmittō, dīmittere, dīmīsī, dīmissus -
send away, dismiss
dīmoveō, dīmovēre, dīmōvī, dīmōtus -
move away
dirēmptus, dirēmpta, dirēmptum -
separated (from)
dīrigō, dīrigere, dīrēxī, dīrēctus - point,
direct
dīrus, dīra, dīrum - dreadful
discernō, discernere, discrēvī, discrētus -
decide, tell; screen
discerpō, discerpere, discerpsī,
discerptus - tear apart, scatter
discidium, discidiī, n. - divorce
disciplīna, disciplīnae, f. - rule of life,
training
discipulus, discipulī, m. - disciple,
follower
discō, discere, didicī - learn
discrīmen, discrīminis, n. - danger
disiciō, disicere, disiēcī, disiectus -
scatter
dispōnō, dispōnere, disposuī, dispositus
- arrange, organise, post

disputo, disputāre, disputāvī - discuss
dissimulātiō, dissimulātiōnis, f. -
    concealment
dissimulō, dissimulāre, dissimulāvī,
    dissimulātus - disguise, conceal
dissolvō, dissolvere, dissolvī, dissolūtus
    - dissolve, release, free
diū - for a long time
dīversus, dīversa, dīversum - different,
    in a different direction
dīves, *gen.* dīvitis - rich
dīvīnus, dīvīna, dīvīnum - divine
dīvitiae, dīvitiārum, f.pl. - riches
dīvortium, dīvortiī, n. - crossway
dīvus, dīva, dīvum - divine
dīxī *see* dīcō
dō, dare, dedī, datus - give
doceō, docēre, docuī, doctus - teach
    doctus, docta, doctum - learned,
    educated, skilful, clever
documentum, documentī, n. - proof
doleō, dolēre, doluī - grieve, be sad,
    hurt
dolor, dolōris, m. - grief
domina, dominae, f. - mistress
dominātiō, dominātiōnis, f. - domina-
    tion, tyranny
dominus, dominī, m. - master
domō, domāre, domuī, domitus - tame
domus, domūs, f. - home, house,
    household
    domī - at home
dōnec - until, while, as long as
dōnō, dōnāre, dōnāvī, dōnātus - give,
    present
dōnum, dōnī, n. - present, gift
dormiō, dormīre, dormīvī - sleep
dorsum, dorsī, n. - back
dubitō, dubitāre, dubitāvī - hesitate,
    doubt
dubium, dubiī, n. - doubt
duce *see* dux
ductor, ductōris, m. - leader
dūcō, dūcere, dūxī, ductus - lead
dulcēdō, dulcēdinis, f. - sweetness,
    pleasure
dulcis, dulce - sweet
dum - while, until

duo, duae, duo - two
dūrō, dūrāre, dūrāvī - endure
dūrus, dūra, dūrum - harsh, hard
dux, ducis, m. - leader

E

ē, ex + *abl.* - from, out of
ēbibō, ēbibere, ēbibī - drink down
ēbrius, ēbria, ēbrium - drunken
eburneus, eburnea, eburneum - ivory-
    coloured
eburnus, eburna, eburnum - made of
    ivory
ecce! - see! look!
ecclēsia, ecclēsiae, f. - assembly
ecquis, ecquid - anyone, anything
ēdictum, ēdictī, n. - edict, proclamation
ēdiscō, ēdiscere, ēdidicī - learn by heart
edō, edere, ēdī, ēsus - eat
ēdō, ēdere, ēdidī, ēditus - publish,
    present, stage
ēdūcō, ēdūcāre, ēdūcāvī, ēdūcātus - bring
    up
efferō, efferre, extulī, ēlātus - bring out,
    make known, spread
efficiō, efficere, effēcī, effectus - carry out,
    make, render
    efficere ut - bring it about that, see to it
    that
effugiō, effugere, effūgī - escape
effugium, effugiī, n. - escape
effundō, effundere, effūdī, effūsus - pour
    out
effūsē - lavishly
ēgī *see* agō
ego, meī - I, me
ēgredior, ēgredī, ēgressus sum - go out
ēheu! - alas!
eius modī - of that kind
ēlegāns, *gen.* ēlegantis - elegant, exquisite
ēleganter - gracefully
ēligō, ēligere, ēlēgī, ēlēctus - choose
ēloquentia, ēloquentiae, f. - eloquence
ēlūdō, ēlūdere, ēlūsī - escape, elude
ēmīror, ēmīrārī, ēmīrātus sum - be
    amazed at
emō, emere, ēmī, ēmptus - buy
ēmorior, ēmorī, ēmortuus sum - die

ēmoveō, ēmovēre, ēmōvī, ēmōtus - tear
away
ēn - see
enim - for
ēnsis, ēnsis, m. - sword
eō, īre, iī - go
obviam īre + *dat.* - meet, go to meet
epistula, epistulae, f. - letter
epulae, epulārum, f.pl. - feast
eques, equitis, m. - horseman; man of
equestrian rank
equitēs, equitum, m.pl. - cavalry
equus, equī, m. - horse
eram *see* sum
ergō - therefore
ērigor, ērigī, ērēctus sum - rise
ēripiō, ēripere, ēripuī, ēreptus + *dat.* -
take away, rescue (from)
errō, errāre, errāvī - wander
error, errōris, m. - mistake, illusion
ērudītus, ērudīta, ērudītum - scholarly
ērumpō, ērumpere, ērūpī, ēruptus -
break out, charge
ērutus, ēruta, ērutum - dug up
ervum, ervī, n. - vetch
esse, est *see* sum
et - and, also, even
et...et - both...and
etiam - even, also
quīn etiam - indeed
euntēs *see* eō
eurīpus, eurīpī, m. - canal
ēvādō, ēvādere, ēvāsī - escape from,
survive, recover
ēventus, ēventūs, m. - verdict, result
ēvolvō, ēvolvere, ēvolvī, ēvolūtus -
unfold, relate
ex, ē + *abl.* - from, out of
exanimis, exanime - petrified, lifeless
exanimus, exanima, exanimum - lifeless
exardēscō, exardēscere, exarsī - be
inflamed (with love)
excellō, excellere, excelluī - excel, stand
out
excerpō, excerpere, excerpsī, excerptus -
make extracts (from)
excīdō, excīdere, excīdī, excīsus - cut
down

excipiō, excipere, excēpī, exceptus -
receive, listen to
excitō, excitāre, excitāvī, excitātus -
arouse, wake up
exclāmō, exclāmāre, exclāmāvī -
exclaim, shout
excolō, excolere, excoluī, excultus -
enrich
excruciō, excruciāre, excruciāvī,
excruciātus - torture, torment
excutiō, excutere, excussī, excussus -
shake off
exemplum, exemplī, n. - model
exeō, exīre, exiī - go out
exequiae, exequiārum, f.pl. - funeral
procession, funeral
exerceō, exercēre, exercuī, exercitus -
exercise, practise
exercitium, exercitiī, n. - exercises
exēsus, exēsa, exēsum - porous
exhauriō, exhaurīre, exhausī, exhaustus
- use up
exiguus, exigua, exiguum - very small
exilium, exiliī, n. - exile
exim - then, next
eximiē - perfectly, fully
eximō, eximere, exēmī, exēmptus - take
away
exīstimō, exīstimāre, exīstimāvī,
exīstimātus - think, consider
exitiābilis, exitiābile - fatal, spelling
doom
exitium, exitiī, n. - destruction, killing,
death
exitus, exitūs, m. - death, way out,
escape
expediō, expedīre, expedīvī, expedītus -
free, get ready
expergō, expergere, expergī, expergitus
- awaken
experior, experīrī, expertus sum -
experience, try, use
exsequiae, exsequiārum, f.pl. - funeral
procession
exsequor, exsequī, exsecūtus sum -
carry out, accomplish
exsertus, exserta, exsertum - intensive,
alert

exsiliō, exsilīre, exsilīvī - jump up, leap
out
exspectātiō, exspectātiōnis, f. -
expectation, suspense
exspectō, exspectāre, exspectāvī,
exspectātus - wait for
exstinguō, exstinguere, exstīnxī,
exstīnctus - extinguish, destroy
exstruō, exstruere, exstrūxī, exstrūctus -
build
exsultō, exsultāre, exsultāvī - jump up
exsurgō, exsurgere, exsurrēxī - rise, get
up
exta, extōrum, n.pl. - entrails
extendō, extendere, extendī, extentus -
spread out, continue
exterritus, exterrita, exterritum -
terrified
exterus, extera, exterum - foreign
extollō, extollere - raise
extrahō, extrahere, extrāxī, extractus -
drag out, take out
extrēmus, extrēma, extrēmum - very
remote, far away; meanest, vilest
exturbō, exturbāre, exturbāvī,
exturbātus - drive out
exultō, exultāre, exultāvī - rush about
wildly
exuō, exuere, exuī, exūtus + *abl.* -
deprive of
exuviae, exuviārum, f.pl. - remains

F

fābula, fābulae, f. - play, story
facētiae, facētiārum, f.pl. - cleverness,
humour, wit
faciēs, faciēī, f. - appearance
facile - easily
facilis, facile - easy
facilitās, facilitātis, f. - ease
facinus, facinoris, n. - crime
faciō, facere, fēcī, factus - make, do
impetum facere - make an attack
factum, factī, n. - deed
factus *see* faciō, fiō
fācundia, fācundiae, f. - eloquence
faenus, faenoris, n. - interest (on
money)

fāgineus, fāginea, fāgineum - made of
beech-wood
fallāx, *gen.* fallācis - deceitful
fallō, fallere, fefellī, falsus - deceive,
lead astray, elude, cheat
falx, falcis, f. - sickle
fāma, fāmae, f. - report, rumour,
reputation
familia, familiae, f. - household
familiāris, familiāris, m. - close friend,
relation
familiāriter - closely, intimately
famulus, famulī, m. - slave
fānāticus, fānātica, fānāticum -
fanatical, raving
fās, n. - right
fascinō, fascināre, fascināvī, fascinātus
- bewitch
fastīdium, fastīdiī, n. - choosiness,
fussiness
fātālis, fātāle - sent by fate, fatal,
dangerous
fateor, fatērī, fassus est - admit
fatīgō, fatīgāre, fatīgāvī, fatīgātus -
tire, wear out
fātum, fātī, n. - fate, death
faucēs, faucium, f.pl. - entrance, jaws,
defile
faveō, favēre, fāvī + *dat.* - favour,
promote
fax, facis, f. - torch
fēcī *see* faciō
fēcunditās, fēcunditātis, f. - fertility
fēlīx, *gen.* fēlīcis - lucky, happy
fēmina, fēminae, f. - woman
fērālis, fērāle - funereal
ferculum, ferculī, n. - dish
ferē - about, almost
feretrum, feretrī, n. - bier
fēriae, fēriārum, f.pl. - holiday
feriō, ferīre - strike
fermē - almost
ferō, ferre, tulī, lātus - bring, carry,
bear, endure; say, relate
ferunt - people say, they say
lātūrus - intending to bring, in order
to bring
sē ferre - make one's way

ferōx, *gen.* ferōcis - fierce, ferocious
ferrum, ferrī, n. - iron, sword
fertilis, fertile - fertile, productive
ferus, fera, ferum - wild
ferveō, fervēre, fervī - be hot, boil
fessus, fessa, fessum - tired
festīnō, festīnāre, festīnāvī - hurry
fēstum, fēstī, n. - festival
fēstus, fēsta, fēstum - festive
fētus, fētūs, m. - offspring, chicks
fibrae, fibrārum, f.pl. - entrails
fidēs, fideī, f. - loyalty, trustworthiness,
    honour
fīdō, fīdere, fīsus sum + *dat.* - trust
fīdūcia, fīdūciae, f. - self-confidence
fīdus, fīda, fīdum - loyal, trusty, faithful
fīgō, fīgere, fīxī, fīxus - fix
figūra, figūrae, f. - figure, shape,
    appearance, feature
fīlia, fīliae, f. - daughter
fīlius, fīliī, m. - son
fīnēs, fīnium, m.pl. - land, boundaries
fīniō, fīnīre, fīnīvī, fīnītus - finish, end
fīnis, fīnis, m. - end
fīō, fierī, factus sum - be made, be done,
    become, happen
flāgitium, flāgitiī, n. - scandal
flāgitō, flāgitāre, flāgitāvī, flāgitātus -
    demand
flāgrō, flāgrāre, flāgrāvī - blaze
flamma, flammae, f. - flame
flāvēscō, flāvēscere - turn yellow
flāvus, flāva, flāvum - yellow, honey-
    gold
flēbilis, flēbile - weeping
flectō, flectere, flexī, flexus - bend,
    move, change, turn, influence
fleō, flēre, flēvī - weep, weep for
flētus, flētūs, m. - weeping, tears
flōreō, flōrēre, flōruī - prosper
    flōrēns, *gen.* flōrentis - prosperous,
    successful
flōs, flōris, m. - flower
flūmen, flūminis, n. - river
fluō, fluere, flūxī - flow
focilō, focilāre, focilāvī, focilātus -
    resuscitate, revive
focus, focī, m. - hearth

foedus, foederis, n. - condition, pact
folium, foliī, n. - leaf
fōmentum, fōmentī, n. - remedy
fōns, fontis, m. - fountain, spring
forāmen, forāminis, n. - hole
fore = futūrus esse (*future infinitive of*
    sum)
forēnsis, forēnse - legal
forēs, forium, f.pl. - doors, door, gate
forīs - outside
fōrma, fōrmae, f. - beauty, shape,
    appearance
formīca, formīcae, f. - ant
formīdō, formīdinis, f. - fear, terror,
    horror
fōrmō, fōrmāre, fōrmāvī, fōrmātus -
    mould, shape
fōrmōsus, fōrmōsa, fōrmōsum - beautiful
fortasse - perhaps
forte - by chance
fortis, forte - brave
fortūna, fortūnae, f. - fortune, luck,
    status, misfortune
fortūnātus, fortūnāta, fortūnātum -
    lucky, blessed, fortunate
forum, forī, n. - forum, market-place
fossa, fossae, f. - ditch
fossor, fossōris, m. - digger, labourer
foveō, fovēre, fōvī, fōtus - refresh,
    indulge
fragor, fragōris, m. - crash of thunder
frangō, frangere, frēgī, frāctus - break
frāter, frātris, m. - brother
fraus, fraudis, f. - trick
fremitus, fremitūs, m. - bustle
frequēns, *gen.* frequentis - numerous,
    densely populated
frequenter - frequently
frīgidus, frīgida, frīgidum - cold
frīgus, frīgoris, n. - cold, chill, coolness
frīvolus, frīvola, frīvolum - trivial
frondeō, frondēre - grow leaves
frōns, frondis, f. - leaf, foliage
frōns, frontis, f. - front, forehead
frūgalitās, frūgalitātis, f. - thriftiness
frūgēs, frūgum, f.pl. - fruits, produce
fruor, fruī, fructus sum + *abl.* - enjoy
frūstrā - in vain

frustum, frustī, n. - scrap
frutex, fruticis, m. - greenery
fuga, fugae, f. - escape, flight
fugiō, fugere, fūgī - run away, flee
(from)
fuī *see* sum
fulgor, fulgōris, m. - glare
fulmineus, fulminea, fulmineum -
of lightning, deadly
fulvus, fulva, fulvum - yellow
fūmō, fūmāre, fūmāvī - smoke
fūmus, fūmī, m. - smoke
fundō, fundere, fūdī, fūsus - pour, pour
out, sprawl
fungor, fungī, fūnctus sum + *abl.* -
perform
fūnus, fūneris, n. - funeral
furca, furcae, f. - fork
fūrtim - furtively
fūrtīvus, fūrtīva, fūrtīvum - secret
fūrtum, fūrtī, n. - theft
fuscus, fusca, fuscum - dark
fūsus *see* fundō
futūrus, futūra, futūrum - future,
destined
futūra, futūrōrum, n.pl. - the future

G

galea, galeae, f. - helmet
garrulus, garrula, garrulum - chattering
gaudeō, gaudēre, gāvīsus sum - be
pleased, rejoice, be delighted
gaudium, gaudiī, n. - joy
gelidus, gelida, gelidum - cold, cool
geminus, gemina, geminum - twin
gemitus, gemitūs, m. - groan, groaning
gena, genae, f. - cheek
gener, generī, m. - son-in-law
geniālis, geniāle - joyful, jolly
gēns, gentis, f. - family, tribe, race
genū, genūs, n. - knee
genus, generis, n. - race, noble birth;
manner, kind
gerō, gerere, gessī, gestus - wear;
achieve
sē gerere - act, behave
gestātiō, gestātiōnis, f. - riding
gestus, gestūs, m. - gesture

gignor, gignī, genitus sum - grow
glaciēs, glaciēī, f. - ice
gladiātōrius, gladiātōria, gladiātōrium
- gladiatorial
gladius, gladiī, m. - sword
glomerō, glomerāre, glomerāvī,
glomerātus - gather, close in
glōria, glōriae, f. - glory
gracilis, gracile - slim
gradior, gradī, gressus sum - proceed
gradus, gradūs, m. - step, position
grāmen, grāminis, n. - grass
grāmineus, grāminea, grāmineum -
grassy
grānifer, grānifera, grāniferum - grain-
carrying
grātia, grātiae, f. - gratitude, favour
grātiā + *gen.* - for the purpose of
in grātiam + *gen.* - for the gratification of, to please
grātus, grāta, grātum - pleasing,
welcoming
gravis, grave - heavy, serious, severe
graviter - heavily, seriously
gravō, gravāre, gravāvī - weigh down
gremium, gremiī, n. - lap
gressus, gressūs, m. - step
grex, gregis, m. - flock
gubernāculum, gubernāculī, n. -
rudder
gubernātor, gubernātōris, m. -
helmsman
gurges, gurgitis, m. - whirlpool, waters
gustō, gustāre, gustāvī - taste

H

habeō, habēre, habuī, habitus - have,
hold, reckon, consider, treat
habitus, habitūs, m. - appearance
haedus, haedī, m. - kid
haereō, haerēre, haesī - stick, cling,
persist
haesitō, haesitāre, haesitāvī - hesitate
harēna, harēnae, f. - sand, grain of
sand
harundō, harundinis, f. - reed, reeds
haruspex, haruspicis, m. - soothsayer
hasta, hastae, f. - spear

haud - not

hauriō, haurīre, hausī, haustus - drain, drink up

hebes, *gen.* hebetis - sluggish, heavy

herba, herbae, f. - grass

herbōsus, herbōsa, herbōsum - grassy

hercle! - by Hercules!

hērēditārius, hērēditāria, hērēditārium - inherited

hērēditās, hērēditātis, f. - inheritance

hērēs, hērēdis, m.f. - heir

heri - yesterday

hērōs, hērōis, m. - hero

hesternus, hesterna, hesternum - yesterday's

heu! - alas!

hībernus, hīberna, hībernum - wintry, of winter

hic, haec, hoc - this

hīc - here

hiems, hiemis, f. - winter

hilaris, hilare - cheerful

hinc - from here

  hinc atque hinc - on either side

hodiē - today

hodiernus, hodierna, hodiernum - today's

holus, holeris, n. - vegetables, greens

homō, hominis, m. - man

honestus, honesta, honestum - honourable, decent

honor, honōris, m. - honour, official position

hōra, hōrae, f. - hour

hornus, horna, hornum - this year's

horreō, horrēre, horruī - dread, shudder at

hortor, hortārī, hortātus sum - encourage, urge

hortulī, hortulōrum, m.pl. - small park or estate

hortus, hortī, m. - garden

hospes, hospitis, m. - guest, host

hospitium, hospitiī, n. - hospitality

hostis, hostis, m.f. - enemy

hūc - here, to this place

  hūc...illūc - this way...that way

huiusmodī - of this kind

hūmānus, hūmāna, hūmānum - mortal, human

humilis, humile - low

humus, humī, f. - ground

  humī - on the ground

hymenaeus, hymenaeī, m. - marriage

I

iaceō, iacēre, iacuī - lie

iaciō, iacere, iēcī, iactus - throw

iactō, iactāre, iactāvī, iactātus - throw, toss about, wave

iactus, iactūs, m. - aim

iam - now

iānua, iānuae, f. - door

ībam *see* eō

ibi - there

ictus, ictūs, m. - thrust, blow

īdem, eadem, idem - the same

ideō - for that reason

igitur - therefore, and so

ignārus, ignāra, ignārum - not knowing, unaware, unsuspecting

ignāvus, ignāva, ignāvum - lazy, cowardly

ignis, ignis, m. - fire

ignōscō, ignōscere, ignōvī + *dat.* - forgive

īlex, īlicis, f. - holm-oak

ille, illa, illud - that, he, she, the following

illīc - there

illinc - from there

illūc - there, to that place

  hūc...illūc - this way...that way

imāgō, imāginis, f. - image, vision, thought, statue

imber, imbris, m. - rain, shower

immemor, *gen.* immemoris - forgetful

immineō, imminēre, imminuī + *dat.* - hang over, threaten

immisceō, immiscēre, immiscuī, immixtus - mix with

immītis, immīte - cruel

immittō, immittere, immīsī, immissus + *dat.* - send in, push into

immō - even, indeed, rather
immō vērō - and indeed
quīn immō - indeed
immōbilis, immōbile - immobile,
motionless
immoderātus, immoderāta,
immoderātum - excessive
immolātiō, immolātiōnis, f. - sacrifice
immolō, immolāre, immolāvī,
immolātus - sacrifice
immortālis, immortāle - immortal
immortālia, immortālium, n.pl. -
immortality
immōtus, immōta, immōtum - still,
motionless
immūnis, immūne + *gen.* - free of,
exempt from
immūnitās, immūnitātis, f. - exemption,
freedom from
impatiēns, *gen.* impatientis - impatient
of, unable to endure
impediō, impedīre, impedīvī,
impedītus - delay, hinder
impēgī *see* impingō
impendō, impendere, impendī,
impēnsus - devote, spend
imperātor, imperātōris, m. - emperor,
general
imperium, imperiī, n. - power
imperō, imperāre, imperāvī + *dat.* -
order, command
impetrō, impetrāre, impetrāvī -
succeed, get permission
impetus, impetūs, m. - attack, force
impetum facere - make an attack
impingō, impingere, impēgī - dash
against
impius, impia, impium - undutiful,
wicked, impious
impleō, implēre, implēvī, implētus - fill
implexus, implexa, implexum -
entwined, interwoven
implūmis, implūme - unfledged
impōnō, impōnere, imposuī, impositus
- impose, put on to
imprūdēns, *gen.* imprūdentis -
unknowing, foolish
impūbis, impūbe - youthful, unbearded

impudentia, impudentiae, f. -
impudence, shamelessness
imputō, imputāre, imputāvī,
imputātus - charge to, reckon up
īmus, īma, īmum - lowest, bottom,
deep
in (1) + *acc.* - into
in diēs - from day to day
in (2) + *abl.* - in, on
inaequālis, inaequāle - unequal
inamābilis, inamābile - unlovable,
hateful
incalēscō, incalēscere, incaluī - grow
warm, fall in love
incautus, incauta, incautum - unthinking, unsuspicious
incēdō, incēdere, incessī - march, stride
incendium, incendiī, n. - fire, blaze
incendō, incendere, incendī, incēnsus -
burn, set fire to
incertus, incerta, incertum - uncertain
incessō, incessere, incessīvī - attack
incidō, incidere, incidī - fall (on)
incipiō, incipere, incēpī, inceptus -
begin
incitō, incitāre, incitāvī, incitātus - urge
on, encourage
incola, incolae, m. - inhabitant
incommodum, incommodī, n. - harm,
misfortune
incōnīvus, incōnīva, incōnīvum -
sleepless
incūsō, incūsāre, incūsāvī, incūsātus -
blame, accuse
inde - then, next, ever since
index, indicis, m. - indication, proof
indicium, indiciī, n. - information,
evidence
indicō, indicāre, indicāvī, indicātus -
point out, disclose, reveal
indignandus, indignanda,
indignandum - unworthy
indolēscō, indolēscere, indoluī - feel
sorry, mourn
indomitus, indomita, indomitum -
wild
indūcō, indūcere, indūxī, inductus -
lead in

induō, induere, induī, indūtus - put on,
  dress
industria, industriae, f. - diligence,
  efforts
ineram *see* īnsum
iners, *gen.* inertis - lifeless
īnfāmia, īnfāmiae, f. - outrageousness
īnfēlīx, *gen.* īnfēlīcis - unlucky
īnferī, īnferōrum, m.pl. - the dead
īnfernus, īnferna, īnfernum - of the
  lower world, of the Underworld
  nūmina īnferna, nūminum
  īnfernōrum, n.pl. - the gods of the
  Underworld
īnferō, īnferre, intulī, inlātus - carry in
īnfestus, īnfesta, īnfestum - hostile, fatal
īnficiō, īnficere, īnfēcī, īnfectus - tinge,
  stain
īnfimus, īnfima, īnfimum - lowest, most
  disreputable
īnfundō, īnfundere, īnfūsī, īnfūsus -
  pour in
ingenium, ingeniī, n. - ability
ingēns, *gen.* ingentis - huge
ingenuus, ingenua, ingenuum - of a
  free-born man
ingrātus, ingrāta, ingrātum - unpleasing
ingravēscō, ingravēscere - grow worse
ingredior, ingredī, ingressus sum -
  enter
inhiō, inhiāre, inhiāvī - open wide
inhorrēscō, inhorrēscere, inhorruī -
  shudder
iniciō, inicere, iniēcī, iniectus - throw in
inimīcus, inimīca, inimīcum - of the
  enemy, hostile
inīquus, inīqua, inīquum - unfair
initium, initiī, n. - beginning
iniūria, iniūriae, f. - injustice, injury
inlaesus, inlaesa, inlaesum - uninjured
innatō, innatāre, innatāvī - swim in; sail
  on, embark on
innītor, innītī, innīxus sum + *dat.* - lean
  on
innocēns, *gen.* innocentis - innocent
innūptus, innūpta, innūptum -
  unmarried

inquit - he says, said
inquam - I say, said
inritus, inrita, inritum - useless
īnsānē - madly, crazily
īnsānia, īnsāniae, f. - madness
īnsānus, īnsāna, īnsānum - mad, crazy
īnsculpō, īnsculpere, īnsculpsī,
  īnsculptus - inscribe
īnsideō, īnsidēre, īnsēdī - remain
īnsidiae, īnsidiārum, f.pl. - ambush,
  intrigue
īnsignia, īnsignium, n.pl. - the outward
  signs
īnsignis, īnsigne - distinguished, noble
īnsistō, īnsistere, īnstitī - press on, stand
  on
īnsolēns, *gen.* īnsolentis - inexperienced
īnsolēscō, īnsolēscere - become arrogant
īnspiciō, īnspicere, īnspexī, īnspectus -
  look at, inspect, examine
īnstāns, *gen.* īnstantis - pressing
īnstituō, īnstituere, īnstituī, īnstitūtus -
  train, begin, establish
īnstō, īnstāre, īnstitī - press onwards,
  keep going
īnstrūmentum, īnstrūmentī, n. - means,
  contributory factor
īnstruō, īnstruere, īnstrūxī, īnstrūctus -
  draw up
īnsula, īnsulae, f. - island
īnsum, inesse, īnfuī - be in, be inside
intābēscō, intābēscere, intābuī - melt
integer, integra, integrum - intact,
  unbiased, impartial
integrō, integrāre, integrāvī, integrātus
  - renew, continue
intellegō, intellegere, intellēxī,
  intellēctus - understand
intemptātus, intemptāta, intemptātum -
  untried
intendō, intendere, intendī, intentus -
  stretch
  intendere oculōs - stare intently
intentus, intenta, intentum - intent on,
  directed at
inter + *acc.* - among, between
  inter sē - among themselves

intercursō, intercursāre, intercursāvī -
   run about among
interdīcō, interdīcere, interdīxī,
   interdictus + *abl.* - ban from
interdiū - during the day
intereā - meanwhile
intereō, interīre, interiī - perish
intereram *see* intersum
interficiō, interficere, interfēcī,
   interfectus - kill
interfundō, interfundere, interfūdī,
   interfūsus - flow between, coil
   interfūsus, interfūsa, interfūsum -
   flowing between
interim - meanwhile
interior, interius - inner
intermittō, intermittere, intermīsī,
   intermissus - interrupt
interpellātor, interpellātōris, m. -
   interrupter
interpretor, interpretārī, interpretātus
   sum - explain
interrogō, interrogāre, interrogāvī,
   interrogātus - ask
interrumpō, interrumpere, interrūpī,
   interruptus - interrupt
intersum, interesse, interfuī + *dat.* -
   attend, be concerned with
intervallum, intervallī, n. - interval
intimus, intima, intimum - innermost
intrā + *acc.* - inside, during
intrō, intrāre, intrāvī - enter
intrōrepō, intrōrēpere, intrōrēpsī - creep
   in
intrōrumpō, intrōrumpere, intrōrūpī -
   burst in
invalidus, invalida, invalidum - weak
invehor, invehī, invectus sum - sail in
inveniō, invenīre, invēnī, inventus - find
invicem - in turn
invideō, invidēre, invīdī + *gen.* or *abl.* -
   begrudge
invidia, invidiae, f. - resentment, ill-
   feeling
invīsus, invīsa, invīsum - hateful,
   detested
invītō, invītāre, invītāvī, invītātus -
   invite

invītus, invīta, invītum - unwilling,
   reluctant
invocō, invocāre, invocāvī, invocātus -
   invoke, appeal to
involvō, involvere, involvī, involūtus -
   envelop
iō - hey!
iocus, iocī, m. - joke, joking
ipse, ipsa, ipsum - himself, herself, itself
īra, īrae, f. - anger
īrātus, īrāta, īrātum - angry
irritus, irrita, irritum - futile, useless
is, ea, id - he, she, it; that
iste, ista, istud - he, she; that
it *see* eō
ita - in this way, so
itaque - and so
iter, itineris, n. - journey, progress
   iter tenēre - make one's way, make for
iterō, iterāre, iterāvī, iterātus - repeat
iterum - again
iubeō, iubēre, iussī, iussus - order
iūcundus, iūcunda, iūcundum - pleasant
iūdicium, iūdiciī, n. - judgement,
   decision, trial
iugulum, iugulī, n. - throat
iūmentum, iūmentī, n. - baggage animal
iungō, iungere, iūnxī, iūnctus - join
iūrō, iūrāre, iūrāvī - swear
iūs, iūris, n. - justice
iussī *see* iubeō
īnstitium, iūstitiī, n. - a break from legal
   business
iūstus, iūsta, iūstum - just, honest
iuvat, iuvāre - please
   mē iuvat - I like
iuvenālis, iuvenāle - youthful
iuvenis, iuvenis, m. - young man
iuventūs, iuventūtis, f. - youth, young
   men, warriors
iuvō, iuvāre, iūvī, iūtus - help
iuxtā - nearby

K

kal. = kalendās
kalendae, kalendārum, f.pl. - Kalends, 1st
   day of each month

L

labor, labōris, m. - work, toil
lābor, lābī, lāpsus sum - fall, glide, flow
labrum, labrī, n. - lip
lacer, lacera, lacerum - wrecked,
    shattered
lacertus, lacertī, m. - arm
lacrima, lacrimae, f. - tear
laedō, laedere, laesī, laesus - harm
laetor, laetārī, laetātus sum - rejoice
laetus, laeta, laetum - happy
laevus, laeva, laevum - left-hand
languēscō, languēscere, languī - droop,
    grow weak
laniēna, laniēnae, f. - mutilation
lapis, lapidis, m. - stone
lardum, lardī, n. - bacon
largītiō, largītiōnis, f. - generous gifts,
    bribery
largus, larga, largum - generous
lāsarpīcifer, lāsarpīcifera, lāsarpīciferum
    - silphium-producing
lascīvia, lascīviae, f. - obscenity,
    hooliganism
lascīviō, lascīvīre, lascīviī - run riot,
    rampage
lascīvus, lascīva, lascīvum - playful
lassus, lassa, lassum - tired
lātē - widely, far and wide
latenter - secretly
lateō, latēre, latuī - lie hidden
latrōcinium, latrōciniī, n. - robbery
lātūrus see ferō
lātus, lāta, lātum - wide, broad
latus, lateris, n. - side
laudō, laudāre, laudāvī, laudātus - praise
laus, laudis, f. - praise, glory
lavō, lavāre, lāvī, lautus - wash
laxō, laxāre, laxāvī, laxātus - relax
lectitō, lectitāre, lectitāvī, lectitātus - read
    again and again
lectulus, lectulī, m. - bed, bier
lectus, lectī, m. - couch, bed
lēgātum, lēgātī, n. - bequest, legacy
lēgātus, lēgātī, m. - commander
legiō, legiōnis, f. - legion, army
legiōnārius, legiōnāriī, m. - legionary
    soldier

lēgis see lēx
lēgitimus, lēgitima, lēgitimum - legal,
    proper
lēgō, lēgāre, lēgāvī, lēgātus - bequeath,
    leave
legō, legere, lēgī, lēctus - read; choose
lēniō, lēnīre, lēnīvī, lēnītus - calm
lēnis, lēne - gentle
lentē - slowly
lepor or lepōs, lepōris, m. - charm
lētum, lētī, n. - death
levis, leve - light, trivial
levō, levāre, levāvī, levātus - lift, lighten
lēx, lēgis, f. - law
libellus, libellī, m. - book, little book
libenter - gladly
līber, lībera, līberum - free
liber, librī, m. - book
līberī, līberōrum, m.pl. - children
līberō, līberāre, līberāvī, līberātus - set
    free
lībertās, lībertātis, f. - freedom
lībertus, lībertī, m. - freedman, ex-slave
libet, libēre, libuit - be pleasing
libīdō, libīdinis, f. - pleasure, lust
liburnica, liburnicae, f. - fast boat
licēns, gen. licentis - cheeky
licentia, licentiae, f. - hooliganism,
    disorder
licet, licēre - be allowed, be possible
    mihi licet - I am allowed
līmen, līminis, n. - threshold, doorway
līmes, līmitis, m. - path
līmus, līmī, m. - mud
lingua, linguae, f. - tongue, language
linteolum, linteolī, n. - small cloth, patch
linteum, linteī, n. - linen cloth, sheet
liquefactus, liquefacta, liquefactum -
    clear
liqueō, liquēre, līquī - be clear
liquidus, liquida, liquidum - wet, liquid
līquor, līquī - waste away
liquor, liquōris, m. - water
līs, lītis, f. - lawsuit
litterae, litterārum, f.pl. - literature,
    letters, writing
lītus, lītoris, n. - sea-shore, shore
locō, locāre, locāvī, locātus - place

locuples, *gen.* locuplētis - wealthy
locus, locī, m. - place
  loca, locōrum, n.pl. - places
lolium, loliī, n. - grass, weed
longē - far, a long way
longinquus, longinqua, longinquum - distant
longus, longa, longum - long
loquāx, *gen.* loquācis - talkative
loquor, loquī, locūtus sum - speak
lōra, lōrōrum, n.pl. - reins
lōtus, lōta, lōtum - having bathed
lūcis *see* lūx
lūctor, lūctārī, lūctātus sum - wrestle
lūctus, lūctūs, m. - grief
lūcus, lūcī, m. - grove, wood, sacred grove
lūdō, lūdere, lūsī, lūsus - play
lūdus, lūdī, m. - game
  lūdī, lūdōrum, m.pl. - the games
lūgeō, lūgēre, lūxī - lament, mourn
  lūgentēs, lugentium, m.pl. - mourners
lūmen, lūminis, n. - light, lamp
lūna, lūnae, f. - moon
luō, luere, luī - pay
lupus, lupī, m. - wolf
lustrō, lustrāre, lustrāvī - roam
lūsus, lūsūs, m. - game
lūx, lūcis, f. - light
  prīmā lūce - at dawn
luxuria, luxuriae, f. - extravagance, profligacy
lympha, lymphae, f. - water

M

maciēs, maciēī, f. - thinness
mactō, mactāre, mactāvī, mactātus - sacrifice
madeō, madēre, maduī - be wet
maereō, maerēre - grieve, mourn
maestus, maesta, maestum - sad
magicus, magica, magicum - magic
magis *see* magnopere
magister, magistrī, m. - master, teacher
magistrātus, magistrātūs, m. - magistrate, public official

magnanimus, magnanima, magnanimum - gallant
magnitūdō, magnitūdinis, f. - magnitude, great size
magnopere - greatly
  magis - more
  quō magis - the more
  maximē - very greatly, very much, most of all
magnus, magna, magnum - big, great
  maior, maius - bigger, greater
  maximus, maxima, maximum - very big, very great, greatest
magus, magī, m. - magician
maiestās, maiestātis, f. - divine majesty, prestige
male - badly
maleficum, maleficī, n. - evil object, piece of black magic
malignus, maligna, malignum - spiteful
malō, mālle, māluī - prefer
malum, malī, n. - disaster, evil thing
malus, mala, malum - evil, bad
  pessimus, pessima, pessimum - very bad, worst
mandātum, mandātī, n. - instruction, order
mandō, mandāre, mandāvī, mandātus - order, entrust
maneō, manēre, mānsī - remain, stay
mānēs, mānium, m.pl. - the spirits of the dead
manicae, manicārum, f.pl. - long sleeves
manifestus, manifesta, manifestum - clear
mānō, mānāre, mānāvī - flow, trickle
mānsuēscō, mānsuēscere, mānsuēvī - soften, be softened
mānsuētūdō, mānsuētūdinis, f. - forgiveness, mercy
manus, manūs, f. - hand; band
mare, maris, n. - sea
marītus, marītī, m. - husband
marmor, marmoris, n. - marble
marmoreus, marmorea, marmoreum - marble-white
māter, mātris, f. - mother

mātrimōnium, mātrimōniī, n. - marriage

mātrōna, mātrōnae, f. - woman

mātrōnālis, mātrōnāle - of a woman

mātūrē - early

mātūrus, mātūra, mātūrum - ripe

mātūtīnus, mātūtīna, mātūtīnum - morning, in the morning

maximē *see* magnopere

maximus *see* magnus

mē *see* ego

meātus, meātūs, m. - passage

medicus, medicī, m. - doctor

meditor, meditārī, meditātus sum - think about, plan

medius, media, medium - middle

melior *see* bonus

membrum, membrī, n. - limb

meminī, meminisse - remember

memor, *gen.* memoris + *gen.* - remembering

memoria, memoriae, f. - memory

memorō, memorāre, memorāvī, memorātus - speak, say

mēns, mentis, f. - mind

mēnsa, mēnsae, f. - table

mēnsis, mēnsis, m. - month

mereō, merēre, meruī - deserve, earn

mereor, merērī, meritus sum - be of service

mergō, mergere, mersī, mersus - submerge

meritō - deservedly

meritus, merita, meritum - deserved, just

merum, merī, n. - wine

merus, mera, merum - pure, undiluted

messis, messis, f. - harvest

mēta, mētae, f. - turning-post

metuō, metuere, metuī - be afraid, fear

metus, metūs, m. - fear

meus, mea, meum - my, mine

mihi *see* ego

mīles, mīlitis, m. - soldier

mīlitia, mīlitiae, f. - military service

mīlle - a thousand

mīlia, n.pl. - thousands

minimum *see* paulum

minimus *see* parvus

minuō, minuere, minuī, minūtus - chop up

minus *see* paulum

mīrābilis, mīrābile - marvellous, strange, admired

mīror, mīrārī, mīrātus sum - admire, be surprised

mīrus, mīra, mīrum - strange, surprising

misceō, miscēre, miscuī, mixtus - mix

miser, misera, miserum - miserable, wretched

miserābilis, miserābile - sad, pitiful, pitiable

miserē - unhappily

misericordia, misericordiae, f. - pity

miseror, miserārī, miserātus sum - pity

mītēscō, mītēscere - become mild, be lessened

mittō, mittere, mīsī, missus - send

mixtus *see* misceō

moderātus, moderāta, moderātum - moderate, restrained

modestus, modesta, modestum - modest

modicus, modica, modicum - small, inconsiderable

modo - only, just now, recently

modo...modo - at one time...at another time

nōn modo...sed etiam - not only...but also

sī modo - provided that

modulor, modulārī, modulātus sum - play (a tune)

modus, modī, m. - manner, way, kind

moenia, moenium, n.pl. - walls

molestus, molesta, molestum - troublesome

mollis, molle - soft, gentle, tender

mōmentārius, mōmentāria, mōmentārium - momentary, short-lived

moneō, monēre, monuī, monitus - warn, advise

mōns, montis, m. - mountain

mora, morae, f. - delay

morbus, morbī, m. - illness
morior, morī, mortuus sum - die
   mortuus, mortua, mortuum - dead
moror, morārī, morātus sum - delay,
   hinder
mors, mortis, f. - death
mortālis, mortāle - mortal, human
mortālis, mortālis, m. - a mortal
mortuus *see* morior
mōs, mōris, m. - custom
mōtus, mōtūs, m. - movement
moveō, movēre, mōvī, mōtus - move
mox - soon
mūgītus, mūgītūs, m. - mooing
mulceō, mulcēre, mulsī, mulsus - tame
muliebris, muliebre - of women
multifidus, multifida, multifidum - finely
   split
multitūdō, multitūdinis, f. - crowd
multō - much
multō, multāre, multāvī, multātus -
   punish
multum - much, a lot
multus, multa, multum - much
   multī, multae, multa - many
   plūrēs, *gen.* plūrium - many, several
   plūrimī, plūrimae, plūrima - very many
   plūs, *gen.* plūris - more
   quid multa? - in short
munditia, munditiae, f. - elegance
mundus, mundī, m. - universe, world
mūnīmentum, mūnīmentī, n. -
   protection, fortification
mūniō, mūnīre, mūnīvī, mūnītus -
   protect
mūnus, mūneris, n. - gift
murmur, murmuris, n. - murmur
mūrus, mūrī, m. - wall
mūs, mūris, m. - mouse
musca, muscae, f. - fly
mustēla, mustēlae, f. - weasel
mustum, mustī, n. - new wine
mūtō, mūtāre, mūtāvī, mūtātus - change,
   exchange
mutuus, mutua, mutuum - in turn

N

nābam *see* nō

nam - for
namque - for in fact
nancīscor, nancīscī, nactus sum - obtain
nārrō, nārrāre, nārrāvī, nārrātus - tell,
   relate
nāscor, nāscī, nātus sum - be born
nāsus, nāsūs, m. - nose
nāta, nātae, f. - daughter
nātī, nātōrum, m.pl. - children
natiō, natiōnis, f. - people, nation
natō, natāre, natāvī - swim
nātūra, nātūrae, f. - nature, condition
nātus *see* nāscor
nāvicula, nāviculae, f. - small boat
nāvigātiō, nāvigātiōnis, f. - voyage
nāvigium, nāvigiī, n. - boat
nāvigō, nāvigāre, nāvigāvī - sail
nāvis, nāvis, f. - ship
-ne *asks a question*
nē - that, that...not, so that...not
   nē quī - in case any
   nē quid - in case anything
   nē ...quidem - not even
nebula, nebulae, f. - cloud, mist
nec - and not, nor
   nec...nec - neither...nor
necesse - necessary
necessitās, necessitātis, f. - need, time of
   need, crisis
necō, necāre, necāvī, necātus - kill
nectar, nectaris, n. - nectar
necuter, necutra, necutrum - neither of
   the two
nefandus, nefanda, nefandum - wicked,
   unspeakable
nefārius, nefāria, nefārium - wicked
neglegō, neglegere, neglēxī, neglēctus -
   neglect, disregard, ignore
negō, negāre, negāvī, negātus - deny, say
   that...not
negōtium, negōtiī, n. - business
nēmō - no one, nobody
nemus, nemoris, n. - wood, grove
nepōs, nepōtis, m. - grandson
neptis, neptis, f. - granddaughter
nēquāquam - not at all
neque - and not, nor
   neque...neque - neither...nor

nēquīquam - in vain
nescio, nescīre, nescīvī - not know
nescius, nescia, nescium - not knowing
   how to, unaware of
neu - and not, nor
nēve - and that...not
nīdus, nīdī, m. - nest
niger, nigra, nigrum - black, dark
nihil - nothing
nīmīrum - doubtless, evidently
nimis - too
nimium - too much
nisi - except, unless
nitēns, *gen.* nitentis - glossy, sleek
niteō, nitēre - shine
nitidus, nitida, nitidum - shining
nītor, nītī, nīxus sum - struggle
nivālis, nivāle - snowy
niveus, nivea, niveum - snow-white
nix, nivis, f. - snow
nō, nāre, nāvī - sail
nōbilis, nōbile - noble, of noble birth,
   famous
nōbilitās, nōbilitātis, f. - nobility, rank
nōbīs *see* nōs
noctis *see* nox
nocturnus, nocturna, nocturnum -
   nocturnal, by night
nōmen, nōminis, n. - name
nōn - not
   nōn numquam - sometimes
   nōn sētius - none the less
nōndum - not yet
nōnne? - surely?
nōnnūllī, nōnnūllae, nōnnūlla - some,
   several
nōnnumquam - sometimes
nōnus, nōna, nōnum - ninth
nōs - we, us
nōscō, nōscere - get to know, investigate
nōsse = nōvisse
noster, nostra, nostrum - our, *sometimes*
   my
nostrum *see* nōs
notārius, notāriī, m. - secretary
notō, notāre, notāvī, notātus - mark
nōtus, nōta, nōtum - known, well-
   known, famous

nōvī, nōvisse - know, be familiar with
noviēs - nine times
novissimē - last
novitās, novitātis, f. - strangeness
novus, nova, novum - new
novissimus, novissima, novissimum -
   last, extreme, terminal
nox, noctis, f. - night, darkness
noxia, noxiae, f. - offence
noxius, noxia, noxium - harmful,
   poisoned, deadly
nūbēs, nūbis, f. - cloud
nūbō, nūbere, nūpsī + *dat.* - marry
nūdus, nūda, nūdum - naked, bare
nūllus, nūlla, nūllum - not any, no
num - whether
nūmen, nūminis, n. - spirit, god, divine
   power, will of the gods
   nūmina īnferna, nūminum
   īnfernōrum, n.pl. - the gods of the
   Underworld
numerus, numerī, m. - number
numquam - never
   nōn numquam - sometimes
nunc - now, as things are
   nunc...nunc - at one time...at another
   time
nūntiō, nūntiāre, nūntiāvī, nūntiātus -
   announce
nūntius, nūntiī, m. - messenger
nūper - recently
nūpsī *see* nūbō
nūpta, nūptae, f. - bride
nūptiae, nūptiārum, f.pl. - wedding,
   marriage
nusquam - nowhere
nūtō, nūtāre, nūtāvī - shake
nūtriō, nūtrīre, nūtriī - feed
nūtus, nūtūs, m. - nod
nymphē, nymphēs, f. - nymph

O

ō - O
ob + *acc.* - because of
obeō, obīre, obiī - meet, accomplish
obiciō, obicere, obiēcī, obiectus -
   present, put in the way
oblectō, oblectāre, oblectāvī - amuse

oblinō, oblinere, oblēvī, oblitus - smear
oblīvīscor, oblīvīscī, oblītus sum + *gen.*
- forget
obnoxius, obnoxia, obnoxium - guilty
oboediō, oboedīre, oboedīvī, oboedītus
+ *dat.* - obey
obscūrus, obscūra, obscūrum - dark,
hidden
obsequenter - deferentially, obediently
obsequium, obsequiī, n. - obedience,
submissiveness
observō, observāre, observāvī,
observātus - notice, observe
obsignō, obsignāre, obsignāvī,
obsignātus - seal
obstō, obstāre, obstitī + *dat.* - obstruct,
block the way
obstrepō, obstrepere, obstrepuī -
murmur, babble, shout against
obstruō, obstruere, obstrūxī, obstrūctus
- obstruct
obtegō, obtegere, obtēxī, obtēctus -
cover up, conceal
obversor, obversārī, obversātus sum +
dat. - move about near
obviam eō, obviam īre, obviam iī + *dat.*
- meet, go to meet
obvius, obvia, obvium - in the way
occāsiō, occāsiōnis, f. - opportunity
occīdō, occīdere, occīdī, occīsus - kill
occidō, occidere, occidī - die, decline
occlūdō, occlūdere, occlūsī, occlūsus -
lock
occultus, occulta, occultum - secret
occurrō, occurrere, occurrī - meet
ocellus, ocellī, m. - eye
octāvus, octāva, octāvum - eighth
octōgēnsimus, octōgēnsima,
octōgēnsimum - eightieth
octōgintā - eighty
oculus, oculī, m. - eye
ōdī - I hate
odium, odiī, n. - hatred
odor, odōris, m. - perfume, smell
offerō, offerre, obtulī, oblātus - offer
officium, officiī, n. - duty, task
olēns, *gen.* olentis - fragrant

olfaciō, olfacere, olfēcī, olfactus - smell
ōlim - once, some time ago
ōminor, ōminārī, ōminātus sum -
predict
omnīnō - completely, altogether
omnis, omne - all, every
omnia - all, everything
onus, oneris, n. - load
operiō, operīre, operuī, opertus - cover
opēs, opum, f.pl. - money, wealth
opifex, opificis, m. - worker
oportet, oportēre, oportuit - be right
mē oportet - I must
opperior, opperīrī, oppertus sum -
await
oppidānī, oppidānōrum, m.pl. -
townspeople
opprimō, opprimere, oppressī,
oppressus - crush
optimus *see* bonus
optō, optāre, optāvī, optātus - wish for,
long for
opus est + *dat.* + *abl.* - there is need (to
someone) (of something)
ōra *see* ōs
ōra, ōrae, f. - coast
ōrāclum, ōrāclī, n. - oracle
ōrātiō, ōrātiōnis, f. - speech
orbis, orbis, m. - world, circle, revolution
orbis terrārum - world, earth
orbitās, orbitātis, f. - bereavement
orbus, orba, orbum - childless
ōrdō, ōrdinis, m. - row, line
orgia, orgiōrum, n.pl. - mystic revels,
orgies
orior, orīrī, ortus sum - rise, be
descended (from)
ōrō, ōrāre, ōrāvī - beg
ōs, ōris, n. - face, lips
os, ossis, n. - bone
ōsculum, ōsculī, n. - kiss
ostium, ostiī, n. - door
ōtiōsus, ōtiōsa, ōtiōsum - idle, on
holiday
ōtium, ōtiī, n. - leisure
ovis, ovis, f. - sheep

P

paelex, paelicis, f. - concubine,
  courtesan
paene - nearly, almost
paenitet, paenitēre - make sorry
  mē paenitet - I regret
pāgus, pāgī, m. - village
palaestra, palaestrae, f. - exercise-
  ground
palea, paleae, f. - chaff
pallor, pallōris, m. - paleness
palma, palmae, f. - palm, hand
palūs, palūdis, f. - marsh, pool
palūster, palūstris, palūstre - of a marsh
pangō, pangere, pepigī, pāctus - pledge
  oneself
pantomīmus, pantomīmī, m. - pantomime actor
papāver, papāveris, n. - poppy
pār, *gen.* paris - equal
pār, paris, m.f. - companion, partner
parātus, parāta, parātum - ready,
  prepared
parātus, parātūs, m. - preparation,
  property
parcō, parcere, pepercī + *dat.* - spare, be
  sparing of
parcus, parca, parcum - sparing,
  moderate, miserly
parēns, parentis, m.f. - parent
pāreō, pārēre, pāruī + *dat.* - obey
pariēs, parietis, m. - wall
parilis, parile - equal
pariō, parere, peperī, partus - produce,
  acquire, win
pariter - equally, together, alike
parō, parāre, parāvī, parātus - prepare,
  make ready
pars, partis, f. - part
  pars...pars - some...others
partus *see* pariō
parum - too little, not...enough
parvus, parva, parvum - small
  minimus, minima, minimum - very
  little, least
pāscō, pāscere, pāvī - graze
pāscuum, pāscuī, n. - pasture
passim - everywhere

passus *see* patior
pāstor, pāstōris, m. - shepherd
pateō, patēre, patuī - lie open
pater, patris, m. - father
paternus, paterna, paternum - father's,
  ancestral
patiēns, *gen.* patientis - uncomplaining,
  patient
patior, patī, passus sum - suffer,
  endure, allow
patria, patriae, f. - country, fatherland
paucī, paucae, pauca - few
paulātim - gradually
paulīsper - for a short time
paulō - a little
paulum - a little, slightly
  minimum - a very little, least
  minus - less
pauper, *gen.* pauperis - poor
paupertās, paupertātis, f. - poverty
paveō, pavēre, pāvī - dread, be fearful
pavidus, pavida, pavidum - terrified
pavor, pavōris, m. - panic
pectus, pectoris, n. - chest, breast, heart
pecūnia, pecūniae, f. - money
pecus, pecoris, n. - herd, flock
pedis *see* pēs
peditēs, peditum, m.pl. - foot soldiers,
  infantry
pēierō, pēierāre, pēierāvī - perjure
  oneself, swear a false oath
pellō, pellere, pepulī, pulsus - beat,
  pound, break down, drive out
penātēs, penātum, m.pl. - household
  gods
pendeō, pendēre, pependī - hang
pendō, pendere, pependī, pēnsus - pay
penna, pennae, f. - feather, wing
peperī *see* pariō
pepigī *see* pangō
pepulī *see* pellō
per + *acc.* - through, along, over
peragō, peragere, perēgī, perāctus -
  complete, carry out
peragrō, peragrāre, peragrāvī,
  peragrātus - travel through
percellō, percellere, perculī, perculsus -
  overawe

percrēbēscō, percrēbēscere, percrēbuī -
spread, become well-known
percussor, percussōris, m. - executioner
percutiō, percutere, percussī, percussus
- strike
perdō, perdere, perdidī, perditus -
destroy, waste, lose
perdūcō, perdūcere, perdūxī, perductus
- lead, conduct, extend
peregrīnus, peregrīnī, m. - foreigner,
stranger
perēmptus *see* perimō
perennis, perenne - perpetual
pereō, perīre, periī - die, perish, be
wasted
pererrō, pererrāre, pererrāvī - wander
through
perferō, perferre, pertulī, perlātus -
endure
perfidus, perfida, perfidum - treacherous, untrustworthy
perfodiō, perfodere, perfōdī, perfossus -
stab, pierce
perfricō, perfricāre, perfricuī, perfrictus
- rub
perfringō, perfringere, perfrēgī,
perfrāctus - break through
perfuga, perfugae, m. - deserter
perfundō, perfundere, perfūdī,
perfūsus - drench
pergō, pergere, perrēxī - proceed
perhibeō, perhibēre, perhibuī - say, tell
perīculum, perīculī, n. - danger
perimō, perimere, perēmī, perēmptus -
murder, destroy
periūrus, periūra, periūrum - perjured,
oath-breaking
perlūcidus, perlūcida, perlūcidum -
very clear
permaneō, permanēre, permānsī -
remain
permittō, permittere, permīsī,
permissus - allow, entrust
permōtus, permōta, permōtum -
alarmed, disturbed
permulceō, permulcēre, permulsī,
permulsus - soothe
perniciēs, perniciēī, f. - ruin, death

pernumerō, pernumerāre, pernumerāvī,
pernumerātus - reckon up, count
perpellō, perpellere, perpulī, perpulsus -
induce, prevail upon
perpetuus, perpetua, perpetuum -
unending, everlasting
persaepe - very often
persolvō, persolvere, persolvī,
persolūtus - pay
persōna, persōnae, f. - person, character
personō, personāre, personuī - resound
perspiciō, perspicere, perspexī,
perspectus - note, observe
perstō, perstāre, perstitī - persist
persuādeō, persuādēre, persuāsī + *dat.* -
persuade
persuāsiō, persuāsiōnis, f. - belief
perterritus, perterrita, perterritum -
terrified
pertractō, pertractāre, pertractāvī,
pertractātus - touch
perveniō, pervenīre, pervēnī - reach,
arrive at
pervideō, pervidēre, pervīdī, pervīsus -
survey
pervigilō, pervigilāre, pervigilāvī - stay
awake (all night)
pēs, pedis, m. foot, footstep
pedem referre - retrace one's steps
pessimus *see* malus
petō, petere, petīvī (*or* petiī), petītus -
make for; seek, ask
philomēla, philomēlae, f. - nightingale
pietās, pietātis, f. - sense of duty, piety,
family loyalty
piget, pigēre - displease
mē piget - I dislike
piscātor, piscātōris, m. - fisherman,
angler
piscātōrius, piscātōria, piscātōrium -
fishing
piscis, piscis, m. - fish
piscor, piscārī, piscātus sum - fish
pius, pia, pium - loving, dutiful, devout
placeō, placēre, placuī + *dat.* - please,
suit, be pleasing
placidus, placida, placidum - calm,
gentle

plācō, plācāre, plācāvī, plācātus -
    appease, propitiate
plangō, plangere, plānxī - wail
plangor, plangōris, m. - grief
plānitiēs, plānitiēī, f. - plain
plaudō, plaudere, plausī, plausus -
    applaud, clap
plaustrum, plaustrī, n. - wagon, cart
plēbs, plēbis, f. - people, the ordinary
    people
plēnus, plēna, plēnum - full
plērumque - usually, generally
plumbeus, plumbea, plumbeum - made
    of lead
plūra, plūrimus, plūs *see* multus
pluvia, pluviae, f. - rain
pōculum, pōculī, n. - wine-cup, cup
poēma, poēmatis, n. - poem
poena, poenae, f. - punishment
pōmifer, pōmifera, pōmiferum - fruitful
pōmum, pōmī, n. - apple
pondus, ponderis, n. - weight
pōne (1) + *acc.* - behind
pōne (2) - behind, in the rear
pōnō, pōnere, posuī, positus - put, place
pontus, pontī, m. - sea
pōpuleus, pōpulea, pōpuleum - of a
    poplar tree
populus, populī, m. - people
porrigō, porrigere, porrēxī, porrēctus -
    stretch out, offer
porta, portae, f. - gate
porticus, porticūs, f. - colonnade
portitor, portitōris, m. - ferryman
portō, portāre, portāvī, portātus - carry
portus, portūs, m. - harbour
poscō, poscere, poposcī - demand, ask
    for
positus *see* pōnō
possum, posse, potuī - can, be able
post (1) + *acc.* - after, behind
post (2) - afterwards
posteā - aferwards
posterī, posterōrum, m.pl. - posterity
posterus, postera, posterum - next
posthāc - after this
postis, postis, m. - door-post, door
postquam - after, when

postrēmō - finally, lastly
postrīdiē - on the next day
postulō, postulāre, postulāvī,
    postulātus - demand
posuī *see* pōnō
potēns, *gen.* potentis + *gen.* - powerful,
    having power over
potentia, potentiae, f. - power
poterō, potest *see* possum
potestās, potestātis, f. - power
potior, potīrī, potītus sum + *abl.* - take
    possession of, have
potius - rather
pōtō, pōtāre, pōtāvī, pōtus - drink
potuī *see* possum
praebeō, praebēre, praebuī, praebitus -
    provide
praeceptum, praeceptī, n. - precept,
    principle
praecipuē - especially
praeclārus, praeclāra, praeclārum -
    remarkable
praeda, praedae, f. - booty, profit
praedicātiō, praedicātiōnis, f. -
    recommendation
praedīcō, praedīcere, praedīxī,
    praedictus - proclaim
praeditus, praedita, praeditum -
    possessed of, endowed with
praeest *see* praesum
praeferō, praeferre, praetulī, praelātus
    - carry in front, brandish
praegredior, praegredī, praegressus
    sum - precede, go on ahead
praelambō, praelambere - taste in
    advance
praemittō, praemittere, praemīsī,
    praemissus - send ahead
praemium, praemiī, n. - prize, reward
praemoneō, praemonēre, praemonuī,
    praemonitus - forewarn
praenūntius, praenūntiī, m. - warning
    sign
praepōnō, praepōnere, praeposuī,
    praepositus + *acc.* + *dat.* - prefer
    (one thing) to (another)
praeripiō, praeripere, praeripuī,
    praereptus - snatch

praeruptus, praerupta, praeruptum -
steep

praesēns, *gen.* praesentis - present,
ready, in person
praesentia, praesentium, n.pl. -
the present

praesidium, praesidiī, n. - protection,
garrison

praestō, praestāre, praestitī - take care
of

praesum, praeesse, praefuī + *dat.* -
be in charge of

praetereā - besides

praetereō, praeterīre, praeteriī - pass
by

praevaleō, praevalēre, praevaluī -
prevail, carry more weight

praeveniō, praevenīre, praevēnī -
forestall

praevertor, praevertī, praeversus sum -
attend first

prātum, prātī, n. - meadow

precēs, precum, f.pl. - prayers

precor, precārī, precātus sum - pray
(to), pray for

prehendō, prehendere, prehendī,
prehēnsus - grasp

premō, premere, pressī, pressus -
press, check, stop

prēnsō, prēnsāre, prēnsāvī, prēnsātus -
grasp

pretium, pretiī, n. - price

prīmō - at first

prīmum - first, for the first time, firstly

prīmus, prīma, prīmum - first
prīmā lūce - at dawn

prīmī, prīmōrum, m.pl. - leaders

prīnceps, prīncipis, m. - chief, chieftain,
emperor

prīncipātus, prīncipātūs, m. - leadership, top position

prīncipium, prīncipiī, n. - beginning

prior, prius - first, in front, earlier

prīscus, prīsca, prīscum - ancient

prius - earlier, first

priusquam - before, until

prīvātus, prīvāta, prīvātum - private

prō + *abl.* - in front of, for, in return for

probō, probāre, probāvī, probātus -
approve, fancy

probrum, probrī, n. - insult

probus, proba, probum - honest, decent

procāx, *gen.* procācis - wanton, saucy

prōcēdō, prōcēdere, prōcessī - advance,
proceed

prōcēritās, prōcēritātis, f. - height

prōcōnsul, prōcōnsulis, m. - proconsul

procul (1) + *abl.* - far removed from, far
from, safe from

procul (2) - far off

prōcumbō, prōcumbere, prōcubuī - fall
down

prōcūrō, prōcūrāre, prōcūrāvī,
prōcūrātus - look after

prōdesse *see* prōsum

prōdō, prōdere, prōdidī, prōditus -
betray, break one's word

prōdūcō, prōdūcere, prōdūxī,
prōductus - bring forward

proelium, proeliī, n. - battle

proficīscor, proficīscī, profectus sum -
set out

profiteor, profitērī, professus sum -
declare, volunteer

prōflō, prōflāre, prōflāvī - breathe out

profor, profārī, profātus sum - speak
out

prōfundō, prōfundere, prōfūdī,
prōfūsus - pour down

prōfūsus - pouring down, copious

profundus, profunda, profundum -
deep

prohibeō, prohibēre, prohibuī,
prohibitus + *inf.* - ban, prevent
(something from happening)

prōiciō, prōicere, prōiēcī, prōiectus -
throw down

prōlātō, prōlātāre, prōlātāvī, prōlātātus
- prolong

prōlēs, prōlis, f. - offspring, descendants

prōmissum, prōmissī, n. - promise

prōmittō, prōmittere, prōmīsī,
prōmissus - promise

prōmptus, prōmpta, prōmptum -
prepared, ready

prope - near
  propior, propius - nearer
prōpellō, prōpellere, prōpulī, prōpulsus -
  push to the front
properō, properāre, properāvī,
  properātus - hurry, hasten
prophēta, prophētae, m. - prophet
propinquō, propinquāre, propinquāvī +
  dat. - approach
propinquus, propinquī, m. - relative,
  relation
propinquus, propinqua, propinquum -
  approaching, next
prōpōnō, prōpōnere, prōposuī,
  prōpositus - propose, declare,
  promise
propter + *acc.* - because of
prōrogō, prōrogāre, prōrogāvī,
  prōrogātus - prolong
prōrsus - absolutely, in short
prōrumpō, prōrumpere, prōrūpī - break
  out, rush out
prōsecō, prōsecāre, prōsecuī, prōsectus -
  cut off
prōsequor, prōsequī, prōsecūtus sum -
  accompany, escort (at a funeral)
prosperus, prospera, prosperum -
  propitious
prōspiciō, prōspicere, prōspexī - see (in
  the distance)
prōsum, prōdesse, prōfuī - be of use
prōtegō, prōtegere, prōtēxī, prōtēctus -
  cover, protect
prōtentus, prōtenta, prōtentum - at full
  stretch
prōterō, prōterere, prōtrīvī, prōtrītus -
  trample on
prōtinus - immediately
prōturbō, prōturbāre, prōturbāvī,
  prōturbātus - repel
prōvidentia, prōvidentiae, f. - providence
prōvideō, prōvidēre, prōvīdī, prōvīsus -
  consider, anticipate
prōvincia, prōvinciae, f. - province
prōvolvor, prōvolvī, prōvolūtus sum -
  fall down
proximum, proximī, n. - neighbouring
  area

proximus, proxima, proximum -
  nearest, next to, most recent
prūdēns, *gen.* prūdentis - sensible
pruīna, pruīnae, f. - frost
psallō, psallere, psallī - play the lyre
pūblicē - publicly, in the name of the
  state
pūblicus, pūblica, pūblicum - public
  rēs pūblica, reī pūblicae, f. - state,
  Rome
pudet, pudēre, puduit - shame
  mē pudet - I am ashamed
pudibundus, pudibunda, pudibundum
  - ashamed, embarrassed
pudīcitia, pudīcitiae, f. - chastity
pudīcus, pudīca, pudīcum - chaste,
  faithful, pure
pudor, pudōris, m. - shame, sense of
  shame
puella, puellae, f. - girl
puer, puerī, m. - boy
pueritia, pueritiae, f. - boyhood
pugillārēs, pugillārium, m.pl. - writing-
  tablets
pugiō, pugiōnis, m. - dagger
pugnō, pugnāre, pugnāvī - fight
pulcher, pulchra, pulchrum - beautiful,
  handsome
pulsus *see* pellō
pulvis, pulveris, m. - dust
pūmex, pūmicis, m. - pumice
purgāmenta, purgāmentōrum, n.pl. -
  refuse
purpureus, purpurea, purpureum -
  purple, crimson, red
puto, putāre, putāvī - think, suppose,
  consider

Q

quadringentī, quadringentae,
  quadringenta - four hundred
quadrirēmis, quadrirēmis, f. - warship
quaerō, quaerere, quaesīvī, quaesītus -
  search for, look for, ask
quaesīta, quaesītōrum, n.pl. - stores
quaesō, quaesere, quaesīvī - ask
  quaesō - tell me
quaestiō, quaestiōnis, f. - trial

quaestus, quaestūs, m. - employment
quālis, quāle - what sort of
quam (1) - how
  tam…quam - as…as
quam (2) - than
  quam sānctissimē - as piously as
    possible
quamlibet - however, no matter how
quamquam - although
quamvīs - although
quandō - when, since
  sī quandō - whenever
quantus, quanta, quantum - how big
  quantum - as much
  tantus…quantus - as great…as
quārē? - why?
quārtus, quārta, quārtum - fourth
  quārtus decimus - fourteenth
  quārtus et vīcēnsimus - twenty-fourth
quasi - as if, as it were
quatiō, quatere, quassī, quassus - shake,
  brandish
-que - and
  -que…-que - both…and
quercus, quercūs, f. - oak-tree
querella, querellae, f. - complaint, protest
queror, querī, questus sum - lament,
  complain
questus, questūs, m. - lament, complaint
quī, quae, quod - who, which
  sī quod - if any
  sunt quī - there are those who, some
    people
quī? quae? quod? - which? what?
quia - because
quīcumque, quaecumque, quodcumque -
  whoever, whatever
quid *see* quis
quid? - why?
quīdam, quaedam, quoddam - one, a
  certain
quidem - indeed, admittedly
  nē…quidem - not even
quidquid *see* quisquis
quiēs, quiētis, f. - rest
quiēscō, quiēscere, quiēvī - rest
quiētus, quiēta, quiētum - quiet,
  untroubled

quīn - indeed
  quīn etiam - indeed
  quīn immō - indeed
quīn? - why not?
quīntus, quīnta, quīntum - fifth
quippe - for obviously, indeed
quis? quid? - who? what?
  quid multa? - in short
quis, quid - anyone, anything
  nē quid - in case anything
  sī quid - if anything
  sī quis - if anyone
quisquam, quidquam - anyone, anything
quisque, quaeque, quodque - each one,
  every one
quisquis, quidquid - whoever, whatever,
  any
quīvīs, quaevīs, quodvīs - any
quō (1) - in order that, the more
quō (2) - to the place where
quō? - where? where to?
quōcircā - for this reason
quod - because
quondam - one day, once
quoniam - since
quoque - also, too
quot - how many, as many
quotiēns - how often, whenever
quōusque? - how long?

R

radius, radiī, m. - ray
ramālia, ramālium, n.pl. - twigs
rāmus, rāmī, m. - branch
rapiō, rapere, rapuī, raptus - seize, grab
raptim - hurriedly
rārō - rarely
rārus, rāra, rārum - rare
ratiō, ratiōnis, f. - reason, rational
  argument
ratus *see* reor
raucus, rauca, raucum - hoarse
rebelliō, rebelliōnis, f. - revolt, rebellion
receptāculum, receptāculī, n. - refuge
recipiō, recipere, recēpī, receptus -
  receive, recover, take back
recitō, recitāre, recitāvī, recitātus - read
  aloud

reclūdō, reclūdere, reclūsī, reclūsus -
unsheathe, draw

rēctus, rēcta, rēctum - straight

recumbō, recumbere, recubuī - lie down

recurrō, recurrere, recurrī - return

recūsō, recūsāre, recūsāvī, recūsātus -
refuse

redargūtiō, redargūtiōnis, f. - contempt

reddō, reddere, reddidī, redditus - give
back, restore, reply

redeō, redīre, rediī - return, go back,
come back

redūcō, redūcere, redūxī, reductus -
lead back

referō, referre, rettulī, relātus - bring
back, carry back, refer
pedem referre - retrace one's steps

refulgeō, refulgēre, refulsī - flash

refūtō, refūtāre, refūtāvī, refūtātus -
disprove, refute

regiō, regiōnis, f. - region

rēgis *see* rēx

rēgnum, rēgnī, n. - kingdom

regō, regere, rēxī, rēctus - rule,
command

regredior, regredī, regressus sum -
return

relātus *see* referō

relēgō, relēgāre, relēgāvī, relēgātus -
banish, exile

relevō, relevāre, relevāvī, relevātus -
ease, relax

religiō, religiōnis, f. - religious belief,
reverence, superstition, religious
observance

religō, religāre, religāvī, religātus - tie
up

relinquō, relinquere, relīquī, relictus -
leave

reliquiae, reliquiārum, f.pl. - remains

reliquus, reliqua, reliquum - remaining,
the rest

relūceō, relūcēre, relūxī - blaze

remaneō, remanēre, remānsī - remain,
last

remedium, remediī, n. - cure

reminīscor, reminīscī - recall

remissus, remissa, remissum - slack

remittō, remittere, remīsī, remissus -
send back

renūntiō, renūntiāre, renūntiāvī,
renūntiātus - renounce, break off

reor, rērī, ratus sum - think
ratus, rata, ratum - thinking

reparō, reparāre, reparāvī, reparātus -
recover, make up

repellō, repellere, reppulī, repulsus -
repel, reject

repēns, *gen.* repentis - sudden

repente - suddenly

reperiō, reperīre, repperī, repertus - find

repetō, repetere, repetīvī, repetītus -
seek again, remember

repleō, replēre, replēvī, replētus - refill

repugnō, repugnāre, repugnāvī,
repugnātus - resist, prevent

repulsa, repulsae, f. - rejection

reputo, reputāre, reputāvī - consider

requiēs, requiētis, f. - rest

requīrō, requīrere, requīsīvī, requīsītus -
ask, ask for

rēs, reī, f. - thing, business
rēs adversae, rērum adversārum, f.pl. -
misfortune, disaster
rēs pūblica, reī pūblicae, f. - state,
Rome

resecō, resecāre, resecuī, resectus - cut
off

resīdō, resīdere, resēdī - subside

resistō, resistere, restitī + *dat.* - resist

resonābilis, resonābile - answering,
echoing

resonus, resona, resonum - echoing

respiciō, respicere, respexī - look back at,
look round

respondeō, respondēre, respondī - reply

respōnsum, respōnsī, n. - answer, reply

respuō, respuere, respuī - spit out, reject

restituō, restituere, restituī, restitūtus -
restore, bring back

rēte, rētis, n. - net

reticeō, reticēre, reticuī - keep quiet

retineō, retinēre, retinuī, retentus - keep,
hold back

retrō - back

rettulī *see* referō

reus, reī, m. - defendant, guilty person

revellō, revellere, revulsī, revulsus - tear off

revēlō, revēlāre, revēlāvī, revēlātus - uncover

reverentia, reverentiae, f. - respect

revertor, revertī, reversus sum - turn back, return

rēx, rēgis, m. - king

rīdiculus, rīdicula, rīdiculum - ridiculous, ludicrous

rigidus, rigida, rigidum - sturdy

rigō, rigāre, rigāvī, rigātus - wet

riguus, rigua, riguum - well-watered

rīpa, rīpae, f. - river bank

rīte - solemnly

rīvus, rīvī, m. - stream

rōbur, rōboris, n. - oak

rōbustus, rōbusta, rōbustum - strong

rogō, rogāre, rogāvī, rogātus - ask

rogus, rogī, m. - funeral pyre

rosa, rosae, f. - rose

rota, rotae, f. - wheel

rotō, rotāre, rotāvī - wheel

ruber, rubra, rubrum - red

rubor, rubōris, m. - blush, redness

rudis, rude - rough, coarse

ruīna, ruīnae, f. - ruin, debris

rūmor, rumōris, m. - rumour

rumpō, rumpere, rūpī, ruptus - break, burst

ruō, ruere, ruī - rush

rūpēs, rūpis, f. - rock, cliff

rūrsum - again

rūrsus - again, on the other hand

rūs, rūris, n. - countryside, farm

rūsticus, rūstica, rūsticum - country, of a country man

rūsticus, rūsticī, m. - country man, peasant

S

S. = salūtem (dīcit) - sends greetings to

sacculus, sacculī, m. - purse

sacer, sacra, sacrum - sacred, dedicated

sacra, sacrōrum, n.pl. - sacred rites

sacerdōs, sacerdōtis, m. - priest

sacerdōtālēs lūdī, sacerdōtālium lūdōrum, m.pl. - sacerdotal games

sacrātus, sacrāta, sacrātum - sacred

sacrificium, sacrificiī, n. - sacrifice

sacrilegus, sacrilega, sacrilegum - temple-robbing, sacrilegious

sacrō, sacrāre, sacrāvī, sacrātus - dedicate, consecrate

saepe - often

saepiō, saepīre, saepsī, saeptus - protect, fortify, close off

saeviō, saevīre, saeviī - be in a rage

saevitia, saevitiae, f. - violence, savagery

saevus, saeva, saevum - savage, cruel

sāga, sāgae, f. - witch

sagāx, *gen.* sagācis - keen-witted

sagitta, sagittae, f. - arrow

sagum, sagī, n. - cloak

sal, salis, m. - salt, wit

salignus, saligna, salignum - made of willow

saltō, saltāre, saltāvī - dance

saltus, saltūs, m. - glade

salūbris, salūbre - healthy

salūs, salūtis, f. - safety, health

salūtō, salūtāre, salūtāvī, salūtātus - greet

sāncte - solemnly, piously

sānctus, sāncta, sānctum - holy, pure

sanguis, sanguinis, m. - blood

sānō, sānāre, sānāvī, sānātus - heal

sapiēns, *gen.* sapientis - wise

sarcinae, sarcinārum, f.pl. - luggage

satiātus, satiāta, satiātum - having had one's fill

satis - enough

saxum, saxī, n. - rock

scandō, scandere, scandī - climb

scelerātē - wickedly

scelestus, scelesta, scelestum - wicked, wretched

scelus, sceleris, n. - crime

scio, scīre, scīvī - know

scrība, scrībae, m. - scribe

scrībō, scrībere, scrīpsī, scrīptus - write

scūtātus, scūtāta, scūtātum - carrying a shield

scūtum, scūtī, n. - shield
sē - himself, herself, themselves
  inter sē - among themselves, with
  each other
sēcessus, sēcessūs, m. - solitude,
  retreat
secō, secāre, secuī, sectus - cut
sēcrētum, sēcrētī, n. - secret, private
  interview
sēcrētus, sēcrēta, sēcrētum - secret
secundus, secunda, secundum -
  favourable (wind)
sēcūritās, sēcūritātis, f. - safety,
  composure
sēcūrus, sēcūra, sēcūrum - without a
  care, untroubled
secūtus *see* sequor
sed - but
sedeō, sedēre, sēdī - sit
sēdēs, sēdis, f. - seat, foundation
sedīle, sedīlis, n. - seat, couch
sēditiō, sēditiōnis, f. - rebellion,
  disorder
sēdō, sēdāre, sēdāvī, sēdātus - soothe,
  quieten
sēdūcō, sēdūcere, sēdūxī, sēductus -
  separate
sēdulus, sēdula, sēdulum - busy,
  unremitting
sēgniter - slowly, sluggishly
sēgregor, sēgregārī, sēgregātus sum -
  withdraw
sella, sellae, f. - chair
semel - once, once for all
sēmēsus, sēmēsa, sēmēsum - half-
  eaten
sēmimortuus, sēmimortua,
  sēmimortuum - half-dead
semper - always
sēmustus, sēmusta, sēmustum - half-
  burned, charred
senātus, senātūs, m. - senate
senēscō, senēscere, senuī - grow old
senex, senis, m. - old man
senior, senius - older, old
sēnsim - gradually, gently
sententia, sententiae, f. - opinion,
  purpose, intention

sentiō, sentīre, sēnsī, sēnsus - feel,
  notice
sepeliō, sepelīre, sepelīvī, sepultus -
  bury
sēpōnō, sēpōnere, sēposuī, sēpositus -
  put aside, store up
septem - seven
septimus, septima, septimum - seventh
sepulcrum, sepulcrī, n. - tomb
sequor, sequī, secūtus sum - follow
sera, serae, f. - bolt, bar
sermō, sermōnis, m. - conversation
sērus, sēra, sērum - late
servitium, servitiī, n. - slavery
servō, servāre, servāvī, servātus - save,
  look after
servus, servī, m. - slave
sēsē = sē
(nōn) sētius - (none) the less
seu - or
sevērē - severely
sevēriter = sevērē
sevērus, sevēra, sevērum - severe, strict
sex - six
sextus, sexta, sextum - sixth
sexus, sexūs, m. - sex
sī - if
  quod sī - but if
  sī modo - provided that
  sī quandō - whenever
  sī quid - if anything
  sī quis - if anyone
  sī quod - if any
sibi *see* sē
sīc - thus, in this way
  ut...sīc - just as...so
siccus, sicca, siccum - dry
sīdus, sīderis, n. - star
significātiō, significātiōnis, f. - sign,
  indication, meaning
signō, signāre, signāvī, signātus - sign,
  seal
signum, signī, n. - sign, standard
silentium, silentiī, n. - silence
silva, silvae, f. - wood
sim *see* sum
similis, simile + *dat.* - similar to
similitūdō, similitūdinis, f. - similarity

simplex, *gen.* simplicis - simple
simplicitās, simplicitātis, f. - openness,
  plain-speaking
simul - at the same time, together
  simul...simul - both...and
simulac, simulatque - as soon as
simulācrum, simulācrī, n. - phantom,
  figure, image
simulō, simulāre, simulāvī, simulātus -
  pretend
sincērē - sincerely
sine + *abl.* - without
singulāris, singulāre - remarkable
singultus, singultūs, m. - sobbing
singulus, singula, singulum - individual,
  every
  singula, singulōrum, n.pl. - individual
    items
sinō, sinere, sīvī, situs - allow
sinus, sinūs, m. - bosom, arms; bay
sitis, sitis, f. - thirst
sīve - whether
socia, sociae, f. - companion, ally
socius, sociī, m. - companion, ally
sodālis, sodālis, m.f. - companion
sōl, sōlis, m. - sun
sōlācium, sōlāciī, n. - comfort, consola-
  tion
soleō, solēre, solitus sum - be accustomed
  solitus, solita, solitum - usual, custom-
    ary
sōlitūdo, sōlitūdinis, f. - solitude,
  desertion
sollemne, sollemnis, n. - ceremony
sollicitūdō, sollicitūdinis, f. - anxiety
sollicitus, sollicita, sollicitum - worried,
  anxious
sōlor, sōlārī, sōlātus sum - soothe,
  console
solum, solī, n. - floor
sōlum - only
  nōn sōlum...sed etiam - not only...but
    also
sōlus, sōla, sōlum - alone, lonely
solvō, solvere, solvī, solūtus - loosen,
  free, relieve
somnus, somnī, m. - sleep
sonāns, *gen.* sonantis - noisy

sonitus, sonitūs, m. - sound
sonō, sonāre, sonuī - resound
sonus, sonī, m. - sound
sopor, sopōris, m. - sleep, deep sleep
sordidus, sordida, sordidum - dirty
soror, sorōris, f. - sister
sors, sortis, f. - lot, luck
sortītus, sortīta, sortītum - having been
  allotted
spargō, spargere, sparsī, sparsus -
  scatter, spread
spatium, spatiī, n. - space
speciēs, speciēī, f. - appearance,
  pretence, guise
spectāculum, spectāculī, n. - show,
  spectacle
spectō, spectāre, spectāvī, spectātus -
  look at, watch, face
spernō, spernere, sprēvī, sprētus -
  despise, reject
spērō, spērāre, spērāvī - hope (for),
  expect
spēs, speī, f. - hope
spīritus, spīritūs, m. - breathing, spirit,
  breath
splendēns, *gen.* splendentis - shining
  white
splendidus, splendida, splendidum -
  brilliant, illustrious
spolia, spoliōrum, n.pl. - spoils
sponda, spondae, f. - frame
(suā) sponte - of one's own accord
stā *see* stō
stāgnum, stāgnī, n. - pool, lake
statim - at once
statiō, statiōnis, f. - guard duty
statuō, statuere, statuī, statūtus - set up,
  allocate, decree
sterilis, sterile - barren
sternō, sternere, strāvī, strātus - spread
  out, cut down
stimulō, stimulāre, stimulāvī, stimulātus
  - urge on
stīpendia, stīpendiōrum, n.pl. - military
  service
stipula, stipulae, f. - straw
stō, stāre, stetī + *abl.* - stand, stand by,
  obey

stomachus, stomachī, m. - windpipe
strāmen, strāminis, n. - straw, thatch
strepitus, strepitūs, m. - noise, din
stringō, stringere, strīnxī, strictus -
   draw, unsheathe, graze
studeō, studēre, studuī + *dat.* - study,
   take an interest in, pay attention to
studiōsus, studiōsa, studiōsum + *gen.* -
   keen on
studium, studiī, n. - enthusiasm;
   study
stupeō, stupēre, stupuī - be astonished
stupēscō, stupēscere - be amazed
stuprum, stuprī, n. - rape
suādeō, suādēre, suāsī + *dat.* - urge,
   persuade
suāvis, suāve - sweet
sub (1) + *acc.* - under
sub (2) + *abl.* - under, beneath
subeō, subīre, subiī - go under,
   approach, go up to
subiaceō, subiacēre, subiacuī - be
   beneath
subitō - suddenly
subitus, subita, subitum - sudden,
   impulsive
sublātus *see* tollō
sublustris, sublustre - half-lit
subolēs, subolis, f. - offspring
subrēpō, subrēpere, subrēpsī - creep
   under
subsidium, subsidiī, n. - support, means
   of salvation
subsistō, subsistere, substitī + *dat.* -
   withstand
succēdō, succēdere, successī - succeed
succīdō, succīdere, succīdī, succīsus -
   cut down
succingō, succingere, succīnxī,
   succīnctus - tuck up
succrēscō, succrēscere, succrēvī - spring
   up
sūcus, sūcī, m. - moisture, sap
sūdor, sūdōris, m. - sweat
sufficiō, sufficere, suffēcī - be sufficient
suffragium, suffragiī, n. - vote
sulphur, sulphuris, n. - sulphur
sum, esse, fuī - be

sunt quī - there are those who, some
   people
summa, summae, f. - total
summittō, summittere, summīsī,
   summissus - lay down
summissus, summissa, summissum -
   bowed, lowered
summum, summī, n. - the top
summus, summa, summum - highest,
   greatest, important
summa, summōrum, n.pl. - highest
   honours, supreme power, the throne
sūmō, sūmere, sūmpsī, sūmptus - take,
   resort to
super (1) + *acc.* - on top of, over
super (2) - more than enough, hereafter,
   any more
superbia, superbiae, f. - arrogance,
   insolence
superbus, superba, superbum -
   arrogant, proud, haughty
superiniciō, superinicere, superiniēcī,
   superiniectus - throw on top of
superō, superāre, superāvī, superātus -
   overcome
superstitiō, superstitiōnis, f. - rite
supersum, superesse, superfuī -
   survive, remain
superus, supera, superum - upper,
   above
superī, superōrum, m.pl. - gods
supīnus, supīna, supīnum - facing
   upwards
supplēmentum, supplēmentī, n. -
   supplement, extra ingredient
supplicium, suppliciī, n. - execution
suprēmus, suprēma, suprēmum - last,
   extreme
surgō, surgere, surrēxī - get up, rise
sursum - up, upwards
sūs, suis, m. - pig
suscitō, suscitāre, suscitāvī, suscitātus -
   bring to life
suspendō, suspendere, suspendī,
   suspēnsus - hang up, keep (in
   suspense)
suus, sua, suum - his, her, their own
   suā sponte - of one's own accord

T

tabella, tabellae, f. - writing-tablet

tabula, tabulae, f. - tablet, plaque

tābum, tābī, n. - rotten flesh

taceō, tacēre, tacuī - be silent, be quiet

tacitus, tacita, tacitum - silent

taeda, taedae, f. - torch

tālis, tāle - such

 tālis...quālis - such...as

tam - so

 tam...quam - as...as

tamen - however

tamquam - as, like, as if

tandem - at last

tangō, tangere, tetigī, tāctus - touch

tantulum, tantulī, n. - the least amount, anything at all

tantulus, tantula, tantulum - so little

tantum - only

tantus, tanta, tantum - so great, such a great

 tantum - so much

 tantus...quantus - as great...as

tapētia, tapētium, n.pl. - coverlets, pillows

tardus, tarda, tardum - late, slow, sluggish

taurus, taurī, m. - ox, bull

tē *see* tū

tēctum, tēctī, n. - roof, building

tegō, tegere, tēxī, tēctus - cover

 tēctus, tēcta, tēctum - hidden, secret

tellūs, tellūris, f. - land, ground

tēlum, tēlī, n. - weapon, javelin

temerē - idly, rashly

temeritās, temeritātis, f. - recklessness

temperō, temperāre, temperāvī, temperātus + *dat.* - organise, restrain

templum, templī, n. - temple

temptō, temptāre, temptāvī, temptātus - try, test

tempus, temporis, n. - time

 tempore - on time, punctually

tenāx, *gen.* tenācis - firm, deep, stingy

tendō, tendere, tetendī, tentus - stretch out

tenebrae, tenebrārum, f.pl. - darkness

teneō, tenēre, tenuī, tentus - hold, keep

tener, tenera, tenerum - tender, young

tentōrium, tentōriī, n. - tent

tenuis, tenue - thin, insubstantial

tenuō, tenuāre, tenuāvī, tenuātus - diminish, make small

tepeō, tepēre, tepuī - be warm

 tepēns, *gen.* tepentis - warm

tepidus, tepida, tepidum - warm

ter - three times

tergō, tergere, tersī, tersus - dry

tergum, tergī, n. - back, rear

tergus, tergoris, n. - back

terra, terrae, f. - ground, land

 orbis terrārum - world, earth

terreō, terrēre, terruī, territus - frighten

terrestris, terrestre - earthly

tertius, tertia, tertium - third

testāmentum, testāmentī, n. - will

testimōnium, testimōniī, n. - evidence

testis, testis, m.f. - witness

testor, testārī, testātus sum - call to witness

testūdō, testūdinis, f. - tortoise-shell, lyre

tetigī *see* tangō

tetricus, tetrica, tetricum - gloomy, grim

textum, textī, n. - cloth, covering

theātrum, theātrī, n. - theatre

thermae, thermārum, f.pl. - baths

thymum, thymī, n. - thyme

tibi *see* tū

tignum, tignī, n. - beam, rafter

tigris, tigris, m.f. - tiger

timeō, timēre, timuī - be afraid, fear

timidus, timida, timidum - fearful, frightened

timor, timōris, m. - fear

tingō, tingere, tīnxī, tīnctus - dye

titubō, titubāre, titubāvī - stagger

toga, togae, f. - toga

tolerō, tolerāre, tolerāvī, tolerātus - endure

tollō, tollere, sustulī, sublātus - raise, lift up, hold up

tondeō, tondēre, totondī, tōnsus - shear, graze

torus, torī, m. - bed, marriage-bed, couch

tot - so many

totidem - the same number
totiēns - so often
tōtus, tōta, tōtum - whole
trādō, trādere, trādidī, trāditus - hand
    over
trahō, trahere, trāxī, tractus - drag
trānsabeō, trānsabīre, trānsabiī - pierce
trānseō, trānsīre, trānsiī, trānsitus - cross
trānsferō, trānsferre, trānstulī, trānslātus
    - transfer, spread
trānsigō, trānsigere, trānsēgī, trānsāctus
    - stab
tremendus, tremenda, tremendum -
    terrible, terrifying
tremor, tremōris, m. - tremor
trepidātiō, trepidātiōnis, f. - alarm,
    trembling, panic
trepidō, trepidāre, trepidāvī - be
    alarmed, falter, stumble, tremble
trepidus, trepida, trepidum - trembling,
    frightened, excited
trēs, tria - three
tribūnal, tribūnālis, n. - platform
tribūnus, tribūnī, m. - tribune
tribūtum, tribūtī, n. - tribute
trīduum, trīduī, n. - three days
trīgintā - thirty
trīstis, trīste - sad
trīstitia, trīstitiae, f. - sadness, mourning
truncō, truncāre, truncāvī, truncātus -
    cut off, strip
truncus, trunca, truncum - mutilated,
    disfigured
trux, *gen.* trucis - grim
tū, tuī - you (singular)
tueor, tuērī, tuitus sum - watch over
tulī *see* ferō
tum - then
tumor, tumōris, m. - swelling
tumulō, tumulāre, tumulāvī, tumulātus -
    bury
tumultus, tumultūs, m. - riot
tumulus, tumulī, m. - tomb
tunc - then
tunica, tunicae, f. - tunic
turba, turbae, f. - crowd; barking, uproar
turbō, turbāre, turbāvī, turbātus -
    disturb, alarm

turgidus, turgida, turgidum - swollen
turma, turmae, f. - troop of cavalry
tūtēla, tūtēlae, f. - guardian
tūtus, tūta, tūtum - safe
tuus, tua, tuum - your (singular), yours
tyrannus, tyrannī, m. - king

U

ūber, ūberis, n. - udder
ubi - where, when
ubīque - everywhere
ūllus, ūlla, ūllum - any
ulterius - any longer
ultimus, ultima, ultimum - last
ultiō, ultiōnis, f. - revenge
ultrā (1) - more, further, longer, beyond
ultrā (2) + a*cc.* - beyond
ultrō - of one's own accord
ulva, ulvae, f. - sedge, marsh grass
umbra, umbrae, f. - shadow, ghost
umerus, umerī, m. - shoulder
umquam - ever
ūnā - together, as well
unda, undae, f. - wave, water
unde - from where
undique - on all sides
unguentum, unguentī, n. - perfume
ūnicus, ūnica, ūnicum - single, just one
ūnus, ūna, ūnum - one, a single
urbānus, urbāna, urbānum - of the city,
    of a city man, of the town
urbs, urbis, f. - city, the City, Rome
urgeō, urgēre - urge
urna, urnae, f. - urn
ūror, ūrī, ustus sum - burn, be on fire
usquam - anywhere
usque + *acc.* - as far as
    usque ad + *acc.* - until, right up to
ūsus, ūsūs, m. - use, need
ūsus *see* ūtor
ut (1) - as, just as, like, when
    ut...sīc - just as...so
ut (2) - that, so that
uterque, utraque, utrumque - both,
    each (of two)
ūtor, ūtī, ūsus sum + *abl.* - use, engage
    in
utrum - whether

utrum...an - whether...or
ūva, ūvae, f. - grape
ūvidus, ūvida, ūvidum - wet
uxor, uxōris, f. - wife
uxōrius, uxōria, uxōrium - conjugal,
  belonging to one's wife

V

vacātiō, vacātiōnis, f. - exemption
vacō, vacāre, vacāvī + *dat.* - have the
  time for, be off work
vacuus, vacua, vacuum - empty
vadum, vadī, n. - shallow water
vagor, vagārī, vagātus sum - wander,
  rove, roam about
vagus, vaga, vagum - wandering
valdē - very much, very
valē - goodbye, farewell
  valeās - farewell, goodbye
valeō, valēre, valuī - have the power
valētūdō, valētūdinis, f. - health, illness
validus, valida, validum - strong
vallis, vallis, f. - valley
valvae, valvārum, f.pl. - door
varius, varia, varium - various, varied
vāstō, vāstāre, vāstāvī, vāstātus -
  plunder
vāstus, vāsta, vāstum - devastated,
  swollen
vātēs, vātis, m. - prophet
-ve - or
vehiculum, vehiculī, n. - cart
vehō, vehere, vexī, vectus - carry
vehor, vehī, vectus sum - be carried
vel - or
  vel...vel - either...or
velim, velle *see* volō
vēlō, vēlāre, vēlāvī, vēlātus - cover
vēlum, vēlī, n. - curtain
velut - like, just as if
velutī - like
  velutī cum - just as when
vēmēns, *gen.* vēmentis - powerful
vēnālis, vēnāle - for sale
vēnātus, vēnātūs, m. - hunting
vēndō, vēndere, vēndidī, vēnditus - sell
venēnum, venēnī, n. - poison
venerātiō, venerātiōnis, f. - respect

venia, veniae, f. - pardon
veniō, venīre, vēnī - come
vēnor, vēnārī, vēnātus sum - hunt, go
  hunting
ventitō, ventitāre - come repeatedly
ventus, ventī, m. - wind
venustus, venusta, venustum -
  charming
vēr, vēris, n. - spring
verber, verberis, n. - lash, whip
verberō, verberāre, verberāvī,
  verberātus - strike, beat
verbum, verbī, n. - word
vērē - truly, truthfully, accurately
verēcundus, verēcunda, verēcundum -
  modest
vereor, verērī, veritus sum - be afraid,
  fear
  veritus, verita, veritum - fearing,
  afraid
vēritās, vēritātis, f. - truth
vernīliter - slavishly, like a slave
vērō - indeed
  immō vērō - and indeed
versor, versārī, versātus sum - be busy
  with, toss and turn
versiculus, versiculī, m. - short verse
versus, versūs, m. - verse
vertex, verticis, m. - head
vertō, vertere, vertī, versus - turn,
  change
vērtor, vertī, versus sum - turn
vērum - but
vērus, vēra, vērum - true, real
vēsānus, vēsāna, vēsānum - mad, crazy
vesper, vesperī, m. - evening
vester, vestra, vestrum - your (plural)
vestīgium, vestīgiī, n. - footstep,
  footprint, track
vestīmenta, vestīmentōrum, n.pl. -
  clothes
vestiō, vestīre, vestīvī, vestītus - clothe,
  dress
vestis, vestis, f. - clothing, garment,
  covering
veterānus, veterānī, m. - retired soldier
vetō, vetāre, vetuī, vetītus - forbid
vetus, *gen.* veteris - old, senior

veterēs, veterum, m.pl. - forefathers
vexillāriī, vexillāriōrum, m.pl. - detachment
vexō, vexāre, vexāvī, vexātus - annoy
via, viae, f. - street, way
viāticum, viāticī, n. - travelling allowance
vīcēnsimus, vīcēnsima, vīcēnsimum - twentieth
vicēs, f.pl. - changes
vīcī *see* vincō
vīcīnia, vīcīniae, f. - neighbourhood
vīcīnus, vīcīna, vīcīnum - neighbouring
vīcīnus, vīcīnī, m. - neighbour
victima, victimae, f. - victim
victōria, victōriae, f. - victory
victus *see* vincō
videō, vidēre, vīdī, vīsus - see
videor, vidērī, vīsus sum - seem
viduō, viduāre, viduāvī, viduātus - free from
vigil, *gen.* vigilis - which keeps one awake
vigilia, vigiliae, f. - guard duty
vigilō, vigilāre, vigilāvī - stay awake
vīgintī - twenty
vigor, vigōris, m. - energy, vigour
vīlis, vīle - cheap
vīlla, vīllae, f. - house, villa
vīmen, vīminis, n. - branch
vinciō, vincīre, vīnxī, vīnctus - bind, tie up
vincō, vincere, vīcī, victus - defeat, win
vinculum, vinculī, n. - chain
vindicō, vindicāre, vindicāvī, vindicātus - avenge, punish
vīnum, vīnī, n. - wine
violō, violāre, violāvī, violātus - violate
vir, virī, m. - man
virecta, virectōrum, n.pl. - lawns
vīrēs *see* vīs
virgō, virginis, f. - virgin

viridis, viride - green, vigorous
virīlis, virīle - like a man, manly
virtūs, virtūtis, f. - courage, virtue
vīs, f. - force, power
vīrēs, vīrium, f.pl. - forces, strength
vīs *see* volō
viscum, viscī, n. - mistletoe
vīsitō, vīsitāre, vīsitāvī, vīsitātus - visit
vīsus, vīsūs, m. - gaze, attention
vīsus *see* videō, videor
vīta, vītae, f. - life
vītō, vītāre, vītāvī, vītātus - avoid
vitrum, vitrī, n. - glass
vitta, vittae, f. - headband
vitulus, vitulī, m. - calf
vīvāx, *gen.* vīvācis - lively
vīvō, vīvere, vīxī - live, be alive
vīvus, vīva, vīvum - alive, living
vix - hardly, scarcely
vōbīs *see* vōs
vōcābulum, vōcābulī, n. - expression, language
vōcālis, vōcāle - talkative
vōcis *see* vōx
vocō, vocāre, vocāvī, vocātus - call
volō, velle, voluī - want
volō, volāre, volāvī - fly
volucris, volucris, f. - bird
volvō, volvere, volvī, volūtus - roll
vōmer, vōmeris, m. - ploughshare
vōs - you (plural)
vōtīvus, vōtīva, vōtīvum - votive
vōtum, vōtī, n. - vow, prayer, good wishes
voveō, vovēre, vōvī, vōtus - vow
vōx, vōcis, f. - voice, shout
vulgus, vulgī, n. - crowd, general public, ordinary people
vulnerō, vulnerāre, vulnerāvī, vulnerātus - wound, injure
vulnus, vulneris, n. - wound
vultus, vultūs, m. - expression, face